全国高校电子商务及法律系列规划教材

网络品牌开发与管理

张夏恒 编

Internet Brand Development and Management

全国高校『电子商务及法律』专业联盟推荐教材

WUHAN UNIVERSITY PRESS
武汉大学出版社

图书在版编目(CIP)数据

网络品牌开发与管理/张夏恒编. —武汉：武汉大学出版社,2018.11
全国高校电子商务及法律系列规划教材
ISBN 978-7-307-20391-4

Ⅰ.网… Ⅱ.张… Ⅲ.网络营销—品牌营销—中国—高等学校—教材 Ⅳ.F724.6

中国版本图书馆 CIP 数据核字(2018)第 162634 号

责任编辑:陈 豪　　责任校对:汪欣怡　　版式设计:汪冰滢

出版发行：**武汉大学出版社**　(430072 武昌 珞珈山)
(电子邮件：cbs22@ whu. edu. cn 网址：www. wdp. com. cn)
印刷：北京虎彩文化传播有限公司
开本:720×1000 1/16　印张:9.75　字数:193 千字　插页:2
版次:2018 年 11 月第 1 版　2018 年 11 月第 1 次印刷
ISBN 978-7-307-20391-4　定价:28.00 元

作者简介

张夏恒

西北政法大学商学院副教授，博士。主要研究网络品牌、跨境电子商务。近年来，出版学术专著1部、教材1部、参编教材1部；发表学术论文60余篇，其中SCI、EI检索10多篇，CSSCI、CSCD、北大核心等来源期刊40余篇，被人大报刊复印资料全文转载3篇、高等学校文科学报文摘转载1篇；主持国家民委民族研究项目、西安市社科基金项目、陕西省教育厅项目、阿里研究院活水计划项目各1项，参与陕西省社科基金、陕西省社科联等项目多项。

总　　序

在全球业界精英围绕“发展数字经济、促进开发共享——携手共建网络空间命运共同体”主题共同憧憬和探讨数字经济发展之际，我们编写的电子商务及法律系列教材即将付梓，正当其时。

“电子商务及法律”是一个新兴的交叉专业，是一个理论和应用并重的专业，是一个实践多向发散、理论总结紧随的专业。为这样一个专业编写教材，是一项具有历史使命感的工作，也是一项可能吃力不讨好的工作。因此，对于电子商务及法律系列教材的编写者来说，无论是心态，还是具体的编撰过程，均非寻常。一方面，该教材被列为武汉大学出版社系列规划教材，是此一大类的国内第一套系列规划教材，无首创之名，具首创之实，其责任感和压力可想而知；另一方面，当前该专业在我国方兴未艾，细数国内的教研力量，基础比较薄弱，众多问题亟待解决，难有定论。因而，要编写一套便教利学，真正反映和体现该专业设置目的和要求的教材，其难度不言自明。

北京邮电大学、湖北大学、重庆理工大学和本人所就职的西北政法大学，均是国内最早开办电子商务及法律专业的高校，几所学校于 2015 年在西安共同发起了“全国高校电子商务及法律专业联盟”。经过在联盟会议上的多次探讨和交流，我们深切地认识到，为了更好地促进电子商务及法律专业建设，更及时有效地满足日新月异的本专业人才和实践探索需求，编写一套理实并重、严谨前瞻、融合法商的教材，尤为必要。

管子有言“不言之言，闻于雷鼓”。于是，这一共同认识就转化为切实的努力和行动。在充分调研的基础上，结合电子商务及法律专业建设的实际需要，各位专家学者以电子商务发展趋势为引领，以探究性学习为核心，以联盟学校为依托，经过艰苦努力和持续探索，目前书稿陆续完成。我特意写了这一小段文字，以为纪念。

在教材的编撰过程中，有大量优秀的电子商务及法律领域实践成果不断涌现却未能编入，非常遗憾和可惜，只能留待后续再版时增添了。编写亦难免有不妥之处，还望大家不吝提出宝贵意见！

张荣刚

第四届世界互联网大会召开之际

目　　录

第1章　品牌概念解读

【学习目标】

掌握品牌的概念

掌握品牌的分类

掌握品牌的内涵、意义及属性

掌握品牌相关的一些概念

【章节纲要】

本章主要分五节介绍品牌概念相关知识。第一节主要对品牌进行界定；第二节主要介绍品牌的分类；第三节主要介绍品牌的内涵；第四节主要介绍品牌的意义与属性；第五节主要介绍与品牌有关的一些概念。

第一节　品牌的界定

一、品牌概念的导入

“品牌”一词，英文为brand，日文为“铭柄”“ブランド”。在中国，明清时期便开始运用“字号”“招牌”“牌子”等字眼表达“品牌”之意。直至20世纪80年代，有美国专家来中国讲学，期间，有人将“brand”一词翻译为“品牌”。20世纪90年代始，“品牌”在中国内地的市场营销领域和广告传播领域通行并盛行起来，但至今，中国人依然将“字号”“招牌”“牌子”等相关词作为品牌的同义语使用。英语品牌“brand”一词源于古斯堪的纳维亚语（古挪威语）“brandr”，意为“打上烙印”，它曾经是现在依旧是牲畜所有者用于识别他们所有的动物的一种工具。品牌的出现，是人们为解决自身物品的归属问题，而设计的各种标记。

二、品牌起源的几种说法

关于品牌的起源，在国际上存在几种通用的说法，也是目前接受度较高的几种。在国际上，品牌起源的三种说法分别如下：

起源一，品牌产生于美国西部的农场，人们在其饲养的牲畜身上敲上一个印记，用以证明“它是我的”。起源二，品牌产生于欧洲的酒窖，人们为了识别，而在装威士忌酒的橡皮桶上打上识别的印记。这两种说法代表的是西方品牌研究者的观点，如大卫·艾克等相关专家的专著所言。

起源三：品牌作为西方市场营销学或西方广告学中的一个概念，其历史不到百年。但在东方，品牌作为一种思想、一种智慧、一种实践，已有数千年的历史。中国品牌文化的历史可追溯到 9 000 年前铭刻在陶器上的标记。因此，品牌的名称虽起源于欧洲，但关于品牌的行为应当起源于中国古代。据资料记载，最早的品牌是我国宋朝山东济南刘家针铺的“白兔”标记。

三、品牌起源的动机

关于品牌起源的动机，经过多方考证，发现多集中在三个方面，具体包括：（1）为了识别；（2）为了防御；（3）为了体现权益。通过总结与分析，发现这三种品牌起源的动机都是差别化和权益体现。

细细品味欧美的品牌起源史，如下文所示：

“在古代，有把名称等刻在像砖头一样的东西上，作为识别制造者的印记。在中世纪的欧洲，有同行业的产业组织使用商标保证与顾客的交流，并给予制造商以法律的保护。”

“16 世纪初，一个威士忌制造者把自己的名字烧炙在木制的酒桶上。该名字向消费者告知了酒的制造者，防止代用品产生。”

“1835 年，一个酒产品利用特殊的制作程序导入市场品牌实现了长期的商业作用。”

考证品牌起源问题时，通过资料梳理发现，品牌起源与原始农业、畜牧业社会密不可分，无论是美国西部的猪、欧洲的藏酒具还是中国的陶器，都属于农业生产范畴。

到 20 世纪，品牌设定和品牌联想终于成为竞争者之间的中心问题。

四、品牌定义

（一）品牌的几种定义

关于品牌的定义有很多种说法，不同说法反映了对品牌理解的不同倾向或诠释角度。

美国市场营销协会（AMA）在 1960 年出版的《营销术语词典》将品牌定义为“用以识别一个或一群产品和劳务的名称、术语、象征、记号或设计及其组合，以此同其他竞争者的产品和劳务相区别”。这种说法认为，只要营销者创造了一个新的名称、标识、产品符号等，也就创造了一个品牌。

这个定义强调产品品质、产品企业的规模等因素之外的差异化符号系统建设，体现了品牌理解初期的“差异化”要求。随着市场竞争愈演愈烈，品牌功能逐渐增强，品牌的定义已不足以涵盖品牌所具有的属性与意义。

美国西北大学教授菲利普·科特勒指出：“品牌是一种名称、名词、标记、符号或设计，或是它们的组合运用，其目的是借以辨认某个销售者或某群销售者的产品或劳务，并使之同竞争者的产品和劳务区别开来。”在此基础上，他认为品牌应包含属性、利益、价值、文化、个性和消费者六个方面的内容。科特勒的品牌观集中代表了现代市场营销中的品牌概念。品牌不仅仅是一个简单的符号或标志，更主要地表现为一种综合的象征，这种象征对生产者与消费者都具有非常重要的意义。对生产者而言，品牌是其谋求与消费者建立紧密关系的有效手段，是其开拓市场、开展竞争的强有力武器。对消费者来讲，品牌为消费者提供了质量、价值和产品满意方面的保证，是消费者选购商品的一个重要依据。在消费者心目中，品牌不仅代表着产品的品质，还可以是一种偶像，一种社会地位，或一位关怀自己的朋友。

著名的广告大师大卫·奥格威提出：“品牌是一种错综复杂的象征，它是品牌属性、名称、包装、价格、历史、声誉、广告方式的无形总和。品牌同时也因消费者对其使用的印象，以及自身的经验而有所界定。”其创办的奥美广告公司提出“品牌是消费者与产品之间的关系”。这一说法认为品牌不仅仅是一个区分符号，它还具有丰富的内涵。该定义着力强调了关系概念，即产品及其符号体系如果没有产生被消费者所认知、所喜欢、所注意、所购买并消费等关系，它只是一个产品而不是品牌。

奥美公司的定义超越了美国市场营销协会（AMA）、菲利普·科特勒的符号差异化形成，更体现了差异化符号系统与消费者之间的关系。该定义和唐·舒尔茨的“品牌是为买卖双方所识别并能够为双方带来价值的东西”“品牌不仅仅是个名称或一个符号一个图形，它体现为与消费者之间的关系”达成共识。

（二）品牌定义的诠释

尽管品牌的定义各有不同，但可以发现学者们对“品牌”定义解读的共识，具体如下：

（1）品牌是企业利用一种名称、名词、标记、符号和设计或它们的组合，以将自己的产品和劳务与竞争对手的产品和劳务区别开来。

（2）品牌是以消费者为中心的概念，品牌的价值，体现在消费者对品牌的情感认知中，体现在品牌能为消费者带来新的价值和利益上。

（3）品牌具有独特的个性，附加和象征着特定的文化，便于消费者识别，能给消费者带来特定的属性，并通过属性和文化传递给消费者某种利益和价值，从而使消费者的个性在品牌个性中得到认同。

品牌包含多方面的内容，至少有以下六个方面：属性、利益、价值、文化、个性以及用户。

大卫·艾克：一位品牌负责人如果想要让旗下品牌的认同具有广度和深度，必须将品牌当做：(1) 产品；(2) 企业；(3) 人；(4) 符号。

约翰·菲利普·琼斯：能为顾客提供其认为值得购买的功能利益及附加价值的产品。

岸志津江：品牌是消费者认识商品世界的方法。

日本电通公司：品牌是以商品及其符号体系为基础的，集体共有的记忆符号组合，是达到认同、行动和相互关系的魅力源泉。

品牌并不属企业单方所有，而是和消费者等相关利益者共同拥有的公共物。是超越企业和消费者的立场的共同拥有的共同物。品牌不只是企业方的行为，而是在企业和相关利益者之间的沟通程序中发生、发展的价值构筑。

在总结前人研究成果的基础上，本书认为品牌是由有关属性、产品、符号体系、消费者群、消费联想、消费意义、个性、通路特征、价格体系、传播体系等因素综合而成的，由品牌管理者和相关利益者共同拥有的整合体。

(三) 品牌、商标与名牌辨识

商标是指通过政府有关部门（工商行政管理局）的注册，取得商标的专用权，并受到法律保护的品牌。

这里所说的品牌，主要是指作为产品代名词的品牌；商标强调的是由“注册”而取得的所有权、使用权、使用许可的转让权，以及受法律的保护等。因此，商标是一个法律用语，所强调的是其法律意义，具有一定的严肃性和稳定性。

名牌是指著名的品牌，它具有高知名度、高美誉度和高市场占有率等特点，名牌也因此而获得较高的附加价值。名牌往往由某权威机构进行评定。

五、品牌概念的演进

随着品牌的发展，企业对品牌越来越重视，品牌概念也在不断发展。其演进大体可以分为三个层次。

(一) 层次一：品牌是产品的“代名词”，旨在反映产品的归属

(1) 通过独特品牌命名方式来体现产品的归属。

(2) 通过品牌名称与独特的图形、图案、符号、标识、色彩等要素相组合来体现产品的归属。

(3) 通过在相关行政机构的注册，形成商标形式，成为法律保护下的唯一品牌，以确保品牌的归属。

(4) 通过广告、宣传、推广等营销活动，形成社会及公众对品牌归属的认知，并逐渐加深其认知度。

(二) 层次二：品牌是企业的“代名词”，旨在反映企业的形象

(1) 聚焦于品牌载体的质量与创新，即注重产品质量本身，通过良好的产品形象塑造良好的企业形象。

（2）聚焦于品牌的独特定位，形成不同于其他竞争对手的市场形象，塑造独特的企业形象。

（3）聚焦于品牌信息的传递，加强品牌正面信息的沟通与传导，以信息为工具增强企业形象。

（4）聚焦于合理的、有效的品牌组合与延伸，实现品牌形象的提升，从而实现企业形象的提升。

（三）层次三：品牌是企业的无形资产，具有超出物质产品范畴的价值

随着市场经济发展，消费群体日趋成熟。在品牌形象不断提升背景下，品牌已融入企业经营的重要范畴，作为无形资产的表现形式，成为企业不可获取的重要资产构成要素。在这个层面，品牌具有了超越生产、销售、商品以及所有有形资产之外的价值形式，也成为企业竞争的软实力与独特的市场竞争优势。品牌资产价值源于品牌产品所带来的消费者在产品功能、消费体验与消费心理上的满足感，以及由此带来的消费者价值的最终实现，从而所形成的消费者对品牌的满意度、信任度与忠诚度。

第二节　品牌的分类

关于品牌类型的划分，依据不同划分标准会分出不同的品牌类型。

一、按照品牌的市场竞争地位

根据品牌依附载体的产品所处市场地位，可以将品牌分为领导者品牌、挑战者品牌、跟随者品牌、补缺者品牌。此外，结合利基市场的市场地位，还可以再划分出利基品牌。

（1）领导者品牌，具体指市场领导者所拥有的品牌，在市场中有很高的知名度、美誉度和稳定的忠诚度，市场占有率远远高于同类产品的品牌。如智能手机市场中，苹果与三星长期处于领导者品牌地位。

（2）挑战者品牌，具体指市场挑战者所拥有的品牌，是对经营环境具有极好的适应性并因此生存、兴旺起来的品牌。如智能手机市场中，华为、OPPO、vivo长期处于挑战者品牌地位。

（3）跟随者品牌，具体指市场跟随者所拥有的品牌，具有一定的品牌知名度，也有一些固定的消费群体，其品牌形象多跟随市场领导者，带有一些模仿与复制的成分。如智能手机市场中，小米、中兴等处于跟随者品牌地位。

（4）补缺者品牌，具体指市场补缺者所拥有的品牌，多是一些资力薄弱的小公司，这些品牌多占有很小的细分市场，品牌长期存续受到很大的威胁与挑战。如智能手机市场中，魅族、乐视、联想、酷派等长期处于补缺者品牌地位。

(5) 利基品牌，具体指占据利基市场的企业所拥有的品牌，多属于某些细分市场或者小众市场的品牌，专注于该市场，成为这个市场的主流品牌。如智能手机市场中，8848 钛金手机处于利基品牌地位。

二、按照品牌的产品市场份额

根据品牌所依附的产品的市场份额，结合品牌整体形象与消费者感觉，可以将品牌分为一线品牌、二线品牌、三线品牌，类似于中国对城市进行的级别划分，如一线城市是指北京、上海、广州等大城市，二线城市包括各省省会及沿海城市，三线城市是指比较发达的中小城市。

(1) 一线品牌，具有很大的品牌知名度，多为国际知名的大品牌，也占据着主要的市场份额。除了品牌知名度大，该品牌的产品含金量高，高端产品非常过硬，品牌研发能力强，推出新品速度快，产品线齐全。如台式机主板市场，一线品牌多指华硕、技嘉。

(2) 二线品牌，各方面略逊于一线品牌，其知名度和产品质量略差一些，但都具备相当的实力，也有各自的特色。如台式机主板市场，二线品牌多是富士康、精英、微星等。

(3) 三线品牌，多是一般工厂的产品，在保证一定质量的前提下，多表现为产品低价格。如台式机主板市场，三线品牌多指钻石、七彩虹等。

三、按照品牌的市场存续时间

不同产品在市场上具有不同的存续时间，依附于产品的品牌同样会因产品生命周期的长短或在市场存活时间的长短而相应不同。由此，可以将品牌分为老字号品牌与新兴品牌。

(1) 老字号品牌，具体指在市场上存在时间长，在消费者心目中具有很深的印象与烙印，具有或者曾经具有较高的知名度与美誉度的品牌，这些品牌历史悠久，拥有世代传承的产品、技艺或服务，具有鲜明的民族传统文化背景和深厚的文化底蕴，取得社会广泛认同，形成良好信誉的品牌。如我国的同仁堂、内联升、瑞蚨祥、六必居等中华老字号，日本的金刚组等。

(2) 新兴品牌，具体指刚进入市场的产品的品牌，或原有的产品经过改良、升级或改造后赋予的新的品牌。如恒大冰泉、三只松鼠等。

四、按照销售区域

根据品牌所运营地理区域、市场销售区域或发展趋势的不同，可以将品牌划分为地方品牌、国家品牌和国家品牌。

（1）地方品牌，具体指在一个较小的区域之内生产销售的品牌，例如地区性生产销售的特色产品。如冰峰汽水、趵突泉啤酒、崂山可乐等。

（2）国家品牌，具体指在一个国家地理范围内生产、销售的品牌，该品牌已不再聚焦于单一地区或区域，市场遍布于全国，但仍未走出国门，迈向世界。如王老吉等。

（3）国际品牌，具体指在全球范围内生产、销售的品牌，该品牌已不再聚焦于单一国家，市场遍布于全球。如可口可乐、百事可乐等。

五、按照产品属性

根据品牌的不同属性，可以将品牌分为产品品牌、品类品牌、企业品牌。

（1）产品品牌，为某种特定的产品所设计的品牌，它反映某特定产品的质量和独特的功能。如英特尔的酷睿系列处理器。

（2）品类品牌，具体指为某系列产品或某一产品品类所设计的品牌，它具体反映该品类或系列产品的质量与独特的功能。如海尔的卡萨帝。

（3）企业品牌，将企业名称作为一个品牌标志，其特性主要表现在企业的文化、社会地位和影响等方面。如海尔、美的等。

六、按照品牌之间的关联

根据品牌之间的关联属性不同，还可以有不同的分类。品牌之间是并行关系，不存在品牌的从属关系，可分为主品牌和副品牌；品牌之间存在包含与被包含的关系，带有从属关系属性，可以分为母品牌和子品牌。

（1）主品牌指的是在市场中能影响顾客购买的品牌，而副品牌指的是对主品牌的价值识别进行补充和调整的品牌。如海尔与卡萨帝。

（2）母品牌是指凌驾于所有产品之上的、为所有产品共用的品牌。它下面可以根据不同的产品类别有不同的子品牌，给各个产品设计不同的子品牌，用子品牌来突出不同产品的个性。例如，海尔公司的产品，大多使用母子品牌策略，“海尔——小神童”“海尔——小王子”“海尔——大力神”等产品都是在企业名称“海尔”后加上各种产品的子品牌，突出某一产品的特点。

七、按照品牌拥有者

依据品牌拥有者的不同，品牌可分为两个大类，即制造商品牌和经销商品牌。

（1）制造商品牌，也称全国品牌，是指由生产者建立并拥有的品牌。如柯达、海尔、IBM、可口可乐等。

（2）经销商品牌，也称私人品牌，是经销商自己创立并拥有的品牌，可以是自己商店的名字，也可以是自己独立拥有的品牌名。它包括批发商品牌和零售商品牌，但常见的是零售商品牌。目前比较著名的经销商品牌有美国的沃尔玛、英国的马狮百货、法国的家乐福等，我国有国美、苏宁、华润万家等。

第三节　品牌的内涵

一、品牌的寓意

品牌的建立与管理需要对它的内涵与价值进行深刻的理解与把握。品牌通过消费者意念来构建，公司努力要保护与建立的品牌价值是长久品牌意念和概念所积累的结果。品牌的构建会通过许多概念化的含义来表达品牌价值和品牌内涵。品牌实则是区别于产品和服务的独一无二的名字和符号。一个成功的品牌是超越产品或服务本身并具有丰富内涵的标识。品牌的内涵主要强调品牌的产品属性、消费者利益、消费者价值、文化值。

（一）品牌的产品属性

品牌不是无形的，需要以产品为载体来呈现，同样品牌也具备了产品的诸多属性。产品的主要属性包括产品的内在属性、外在属性、表现属性与抽象属性。这四类产品属性之间存在一定的相关关系，具体如图 1-1 所示。

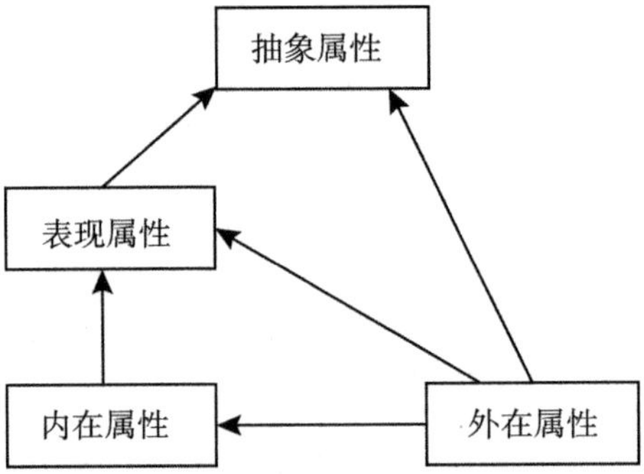

图 1-1　产品属性之间的相关关系

这些相关关系主要表现为以下内容：

（1）内在属性影响消费者对表现属性的认知。

（2）内在属性影响消费者对抽象属性的认识。

（3）表现属性影响消费者对抽象属性的认识。

（4）外在属性影响消费者对内在属性的认知。

（5）外在属性影响消费者对表现属性的认知。

（6）外在属性影响消费者对抽象属性的认知。

（二）品牌的消费者利益

消费者选择品牌产品，会考量该品牌带来的消费者利益，这也是消费者选择、购买与消费该品牌产品的体验感觉与诉求点。消费者利益主要包括心理性利益与实用性利益，其中实用性利益包括功能利益、体验利益与财务利益。

（三）品牌的文化值

高度统一的品牌形象赋予商品以自然或文化底蕴，如同为商品造就了一张易辨识的脸，从而可能刺激消费者对特定品牌的购买冲动，形成品牌忠诚。

二、品牌与产品的差异

产品是品牌的载体，但品牌又不同于产品。产品是市场上任何可以让消费者注意、获取、购买、使用，或能够满足消费者某种需求的东西。产品可以表现为实物产品，如衣服、汽车、房子、化妆品等；也可以表现为非实物产品，即服务，如旅游、保险、交通等。

品牌远比产品的含义更加广泛，品牌具有不同的维度，这些维度使之能够区别于产品，并满足消费者的需求。品牌与产品维度的差异可以是理性的、有形的，这一层面与品牌的产品绩效相关；也可以是具有象征意义的、情感的、无形的，这一层面与品牌代表了什么相关。曾有学者这样描述，品牌是消费者对于产品属性的感知、情感的总和，包括品牌名称的内涵及与品牌相关的公司联想。

一些品牌依托产品的业绩创造了市场竞争优势，如苹果、博世、华为、吉列，以及几十年来在一定程度上依靠不断创新而在其产品领域领先的一些其他品牌，如表 1-1 所示。这些公司之所以能够不断开发出最先进的产品，主要得益于在研发方面的持续投入，精心组织的营销活动又确保了在消费品市场中对最新技术的快速呈现。

表 1-1　**20 家最具创新性的公司**

序号	公司	序号	公司	序号	公司	序号	公司	序号	公司
1	苹果	5	索尼	9	宝洁	13	沃尔玛	17	亚马逊
2	3M	6	戴尔	10	诺基亚	14	丰田	18	Ideo
3	微软	7	IBM	11	维珍	15	eBay	19	星巴克
4	GE	8	谷歌	12	三星	16	英特尔	20	宝马

注：由波士顿咨询公司在 68 个国家的 940 名高层管理人员投票选出。

资料来源：Bruce Nussbaum. Get Creative［J］. Business Week，2005（8）：61-68.

其他一些品牌通过与产品不相关的方式创造了市场竞争优势，如可口可乐、

LV、香奈儿五号香水；还有一些品牌通过理解与把握消费者的各种动机与需求，为其产品创造了相关且具有吸引力的各种形象，如麦当劳、小米等。通常情况下，这些无形的形象联想是在产品类别中区分不同品牌的唯一途径。

品牌，尤其是领导品牌，具有许多不同类型的联想。营销者在制定营销组合决策时需考虑周全，否则，品牌会深受其害，付出惨重代价。品牌形象具有多种不同类型，创新品牌形象的途径也多种多样，全面的营销方案既有助于消费者理解品牌，也能够帮助消费者理解如何评估品牌。

品牌与产品存在一些客观的显著差异，这些差异主要表现为一些相比较的内容。

（1）产品是由工厂成产制造出来的；品牌是根植于消费者头脑中，是消费者愿意服务购买的感情依托。

（2）产品是可以被竞争对手模仿与复制的；品牌是不易被模仿与复制的，是独一无二的。

（3）产品很容易被迅速淘汰，市场存活时间或许很短；品牌是可以超越时空限制的。

（4）产品多陈列在零售商或市场终端的货架上；品牌则是植根于消费者脑海中。

第四节　品牌的意义与属性

一、品牌的意义

品牌对于消费者与企业而言，具有重要的价值与意义。整体上看，品牌可以驱动消费者的选择、增加产品的价值、增加公司的利润、强化公司市场（股市）价值。如表 1-2 所示。

表 1-2　　**品牌对消费者与企业所起的不同作用**

品牌对消费者的意义	品牌对企业的意义
产品识别的来源与依据 追溯制造商责任的依据 减少与降低风险 减少与降低搜寻成本 产品质量的承诺、契约 象征意义 质量信号与担保	简化处理或追踪的识别工具 合法保护产品独特性的工具 满足顾客质量要求的标识 赋予产品独特联想的途径 市场竞争优势的源泉 财务回报的来源

（一）对消费者的意义

对于消费者而言，品牌具有重要的价值与意义。品牌指明了产品的来源或生产制造商，使消费者能够明确辨析具体生产制造商或经销商。最重要的还在于，品牌对于消费者具有特殊意义。基于对产品的既有体验，以及多年的购买、使用经验，消费者知道哪些品牌能够满足他们的需求，哪些品牌不能。由此可见，品牌成为消费者简化购买决策过程的途径与方法。

当消费者知道某个品牌，并对它有一定的了解，那么消费者在选择产品时就不需要再多作思考或分析有关的信息。从经济学角度看，品牌在两个方面降低了消费者寻找或搜集产品的成本：内在方面，即消费者不必过多思考；外在方面，即消费者无须到处搜寻。在对品牌既有的了解基础上，消费者可以对有关此品牌的一些他们可能不了解的方面作出判断，从而形成购买期望。

品牌具有的意义非常深远。品牌与消费者之间的关系可以视作一种契约、合同或协定。消费者对品牌的信任与忠诚暗示着他们相信这种品牌会有一定的表现，且该品牌会通过产品的一贯性能、合理的价格以及相关的营销活动为消费者提供效用，满足其消费需求。当意识到购买这个品牌的好处与利益时，并且只要他们在使用产品时有满足感，消费者就很有可能持续购买下去。

这些利益与价值不仅仅体现在产品的功能性方面，品牌还具有象征意义与作用，能够让消费者投射自我形象。当品牌与某些特定类型的人存在联系时，便可以反映不同的价值观或特质。消费这个品牌的产品是消费者与他人，甚至与他们自己交流信息的一种手段，即他们是什么类型的人或他们想成为哪种类型的人。品牌还具有一个极其重要的作用，即向消费者标明产品的某种特点。有的学者将产品和与他相关的属性或利益划分为三类：搜寻类产品、经验类产品和信任类产品。对于搜寻类产品，如家用电商、日用百货等，可以通过视觉观察来评价它的产品特质，如体积、重量、颜色、设计、风格等；对于经验类产品，如旅游、食物等，不易直接通过视觉观察来评价，必须通过产品的试用与使用才能对其进行评价，如质量、安全性、舒适度等；对于信任类产品，如保险的责任范围，消费者较少知道这些产品的属性。由于很难评估或了解经验类产品和信任类产品的属性与价值，所以品牌就成为消费者判断这些产品的质量及其他特点的一个非常重要的工具或信号。

品牌可以降低制定购买决策时的许多风险。在购买或使用一种产品时，消费者可能会感知到多种不同类型的风险，具体如下：

（1）功能风险：产品的性能与质量达不到对它的各种预期。

（2）人身风险：产品对消费者或其他人的身体状况或健康状况构成了威胁。

（3）财务风险：产品本身并非物有所值。

（4）社交风险：产品可能会导致他人或自己与他人交往时的尴尬。

（5）心理风险：产品会对消费者的精神层面造成影响。

（6）时间风险：产品未能发挥应有的作用或价值，从而导致寻找其他满意产品的机会成本。

虽然消费者有多种不同的方法对这些风险进行处理或规避，但是他们潜意识下会采用的一种解决方法是只买名牌产品，那些过去使用过令人满意的品牌的消费者更是如此。由此可见，品牌是一个重要的应对风险或规避风险的手段。尤其在电子商务交易活动中，这些风险的影响更加深远，而选择品牌对于消费者而言是一种行之有效的降低、规避或应对风险的方法。

对于消费者而言，品牌具有的特殊含义能够改变他们对产品的感知与经验。依靠对品牌的认同或对赋予品牌的特质的理解，消费者对同样的产品可能会得出不同的结论。对于每一个消费者而言，品牌都具有其独特的含义，这使得消费者的日常活动或购买行为更加简单。

（二）对企业的意义

对于企业，品牌同样具有非常重要的价值与作用。最根本的作用，在于品牌起到的识别作用，使处理产品或追溯企业更加简单。在具体实践中，品牌有利于建立和组织库存与会计记录。品牌使得企业能够对其产品的独特性能或其他独特之处实行法律保护。品牌享有知识产权带来的利益，这使得品牌拥有者具有了法律权利。通过商标注册便可保护品牌，通过专利申请便可保护生产工艺与流程，通过版权与设计便可保护包装与造型。这些知识产权确保了企业可以安全可靠地投资该品牌，并从这个有价值的资产中获益。

对品牌进行投资赋予了产品独特的联想及含义，从而使之与其他产品区分。品牌能够传递高质量产品的信息，从而便于满意的消费者毫不犹豫地再次选择该产品。这种品牌忠诚度可以为企业的需求提供预期性与安全性，构成行业进入壁垒，使得其他企业难以进入该市场。

虽然，产品生产的工艺流程及产品设计与包装等易于被模仿，但多年的营销活动以及使用产品的经验在消费者心目中所留下的持久烙印是难以复制的。在这个意义上看，树立品牌实际上是一种确保市场竞争优势的重要手段。

对于企业而言，品牌代表了一份价值连城的法定资产。这个资产可以影响消费者的行为，能够实现商品交易，能够为未来稳定的收益提供安全保障。基于此原因，在企业兼并或收购过程中，为了获得品牌，出现过大笔的交易，收购价格远高于企业的评估价格，其中溢价部分多数是获取其品牌。

二、品牌的本质属性

在理解品牌时，不能单独从品牌名称或标识出发，品牌也不能简单理解成一个记号。品牌具有自身的一些本质属性。

（一）品牌是一个整合体

品牌不只是标志、名称或者产品本身，它是由相关各因素综合而成的整合体。而相关各因素包括：品牌属性、品牌所依托的产品及其产品品质、特有的符号体系、忠诚或围绕着品牌的消费者群体、特有的通路、特有的价格体系、特有的与消费者及其相关利益者互动的接触与传播体系，以及由上述因素所产生的定向的消费联想、消费意义和品牌个性。

该整合体中，品牌属性与消费意义、产品特质与个性化符号体系、消费群体与消费联想、通路及其价格特征、传播体系与接触管理等相关，各因素将整合形成一种识别与感知的差异性和独特性。

（二）品牌起源于识别的差异化需求

品牌之所以会产生，就在于市场竞争的差异化需求，以及为了起到区别化的可辨识性。企业与消费者可以通过品牌有效地进行产品或服务的识别，借助于品牌形成的产品溢价，也是为了满足消费者的不同产品或服务需求。总之，品牌源于识别的差异化需求。

（三）企业、消费者与其他相关利益者共同拥有品牌的资产与价值

表面上看，品牌属于品牌拥有者，即企业；品牌的资产与价值也随之归属于企业。实际上，品牌不单纯属于企业，其资产与价值同样与消费者、其他利益相关者存在相关关系。品牌资产的维护同样需要企业、消费者及其他相关利益者的共同努力。品牌所带来的价值同样使得企业、消费者与其他利益相关者受益。

品牌创造及战略管理的动因来源于企业、机构或者产品生产者本身，但品牌并不仅仅属于管理者，而是管理者与相关利益者之间的共处、共知、共属的公共整合体。品牌由管理者和相关利益者一起，通过有关属性、产品、符号、消费者群、消费联想、消费意义、个性、通路特征、价格体系、传播体系等的表达与认同，成为一种消费符号，一道社会景观，一种生活方式，一个集合各种相关利益者的思想倾向、风格特征的符号体系与载体。因此，品牌属于发动者，但品牌更依赖于消费者及其相关利益者。

第五节　与品牌有关的其他几个概念

一、品牌标志

品牌标志包括品牌名称、图形、色彩以及其他视觉图案。如耐克的勾、麦当劳的“M”、可口可乐的弧形瓶子、腾讯的企鹅、亚马逊的笑脸组合图案等。这些视觉图案给人以强烈的视觉冲击，传递着品牌的识别信息，让人难以忘怀。然而，品牌标志不等于品牌，它只是品牌的一种具体的形象表达形式。

二、品牌资产

品牌资产，也称为品牌权益，指品牌所具有的功能及象征意义，使品牌能够提供给消费者比一般产品更多的价值，让消费者愿意为购买一个品牌而支付更多的资金，因而品牌成为一种可积累的无形资产。品牌资产可以从不同角度加以定义，不同学者出于不同的研究目的对品牌资产作过不同的界定。

1989 年 9 月，美国《营销研究》发表了彼得·法古哈（Peter H. Farquhar）所写的题为《经营品牌资产》的报告。两年后，美国加州大学的大卫·艾克（David A. Aaker）以更完整的理论、架构和实例出版了同名专著。大卫·艾克认为，品牌资产是一系列与品牌、品牌名称、标识物联系的资产与负债，它能够增加或减少提供给企业或其他消费者的产品或服务的价值。

从品牌与消费者互动过程来认识品牌资产也是一个重要的视角。从消费者角度看，品牌资产是指品牌在目标消费群体的心目中所代表的的价值。有两点值得注意：第一，目标消费群体。对于消费品而言，目标消费群体指的就是产品所针对的消费群体，可以是消费群体的一部分或全部。第二，心目中。企业通常通过自己的分析与判断，设定对品牌资产的期望，然后希望通过广告实现这些期望。但真正意义上的品牌资产既不是由企业来控制的，也不是由广告来决定的，而是存在于消费者的心目中。也就是说，消费者的看法和态度决定了一个品牌的品牌资产。

三、品牌形象

品牌形象是指消费者对品牌具有的联想。品牌联想则是指消费者记忆中由品牌所想起来的每一件事情，因此品牌形象是一提到该品牌名称，消费者便会想到的东西。这种联想可能是功能属性的感知，也可能是情感方面的感知。这些都会在消费者心智与记忆中形成一个总体的集合或网络，它们之间存在相关关系，可以被消费者陆续回想起来。

在实践中，品牌资产与品牌形象容易存在概念上的混淆。实际上，这两个概念是有区别的，最基本也是最主要的区别在于：品牌资产属于财务和经营范畴的概念，是一种超越生产、产品以及其他有形资产以外的价值，可以视为将产品或服务冠上品牌名称后所产生的附加价值或溢出价值；品牌形象则属于广告或营销范畴的概念。

四、品牌个性

如果将品牌视为一个人，如人类一样，一个品牌可以是有能力的、自信的、可靠的、幽默的、年轻的，等等。大卫·艾克把品牌个性定义为：与一个品牌相关的所有个性特征。例如，百事可乐的品牌个性被描述为“年轻的、活泼的、刺激的，并且喜欢体育运动与音乐的”，惠普的品牌个性被描述为“有教养的、有影响力的、称职的”。相对于品牌的产品功能属性，品牌个性则主要用于表达品牌的情感利益或用于使用者的自我利益表达，也就是表达某种“象征意义”。品牌个性还包括某些社会人口统计特征，如性别、年龄、社会阶层等。一个成功品牌一定有一个可识别的品牌个性，它和人类个性一样具有广泛性与持久性。

品牌个性是塑造品牌形象的一条具有生命的途径，把品牌当做一个人，创造他们的性格，而非特征。品牌形象是一个涵盖更广泛的概念，它不仅包括品牌个性，还包括产品属性、提供给消费者的利益等。品牌形象与品牌个性之间的区别主要在于：品牌形象包括硬性与软性的属性，而品牌个性强调其软性属性。例如，可口可乐的品牌形象包括独特口感、弧形瓶包装、历史悠久、品质过硬、可信等，但它的品牌个性是真实与可信。由此可见，品牌个性是品牌形象中最能体现差异、最活跃的部分。

五、品牌识别

品牌识别是指品牌拥有者渴望建立或保持的一组独特的品牌联想。这组联想表现了品牌代表什么，它的核心价值是什么，以及品牌对消费者的承诺。品牌识别的关键在于回答了与一个特定品牌内涵有关的问题，包括如下内容：

（1）品牌的价值是什么？

（2）品牌的个性是什么？

（3）品牌的长期目标与最终目标是什么？

（4）品牌的一惯性如何？

（5）品牌的基本事实如何？

（6）品牌的辨别符号是什么？

品牌识别通过产生一个有价值的主张，包括功能、情感及自我表现上的利益，有利于建立品牌和消费者之间的关系。品牌识别是品牌传播与品牌延伸管理的基础。

品牌形象是从接受者角度阐述的概念，它集中公众对一产品、品牌、企业的想象，是公众如何看待这个品牌。品牌识别是针对信息传播者阐述的概念，传播者的任务是详细说明品牌的含义、目标与使命。因此，品牌识别是对品牌的精神、目标与使命的界定，是企业想要公众如何看待这个品牌。品牌形象则是对品牌识别诠释的结果，是对品牌含义的推断，是对符号的解释。从品牌管理角度看，品牌识别必须先于品牌形象而形成。品牌形象通常是被动的，倾向于过去的；品牌识别则是主动的，面向未来的，它反映渴望的品牌联想。品牌形象倾向于战术性的；品牌识别则是战略性的，反映能够产生站得住脚的优势的营销战略。

☞ 关键术语

品牌	商标	名牌	利基品牌
品牌标志	品牌资产	品牌形象	品牌个性
品牌识别	产品品牌	品类品牌	企业品牌

☞ 思考题

1. 什么是品牌？如何理解品牌的定义？
2. 简述品牌概念的演进过程。
3. 简述常见的几种品牌分类。
4. 比较分析品牌、商标与名牌。
5. 解读品牌的内涵都具有哪些方面？
6. 试论述品牌对于消费者与企业分别具有哪些意义。
7. 简述品牌的本质属性的具体表现。
8. 何为品牌识别？品牌识别包括哪些内容？

第 2 章　品牌理论的研究

【学习目标】

了解品牌理论的发展历程

了解现代品牌理论阶段主要理论

掌握品牌战略理论

掌握品牌定位理论

掌握品牌关系理论

掌握品牌资产理论

掌握品牌研究的三大取向

【章节纲要】

本章主要分两节介绍品牌相关的理论知识。第一节主要对品牌理论进行回顾；第二节主要介绍常用的品牌理论知识。

第一节　品牌理论回顾

一、品牌理论发展历史

关于品牌理论的研究与发展，经历了一个相当漫长的过程。按照历史发展轨迹，其历程大体概括如下：

1870 年以前，是品牌观念时代。

1870—1900 年，主要是个体生产者拥有消费品品牌。

1915—1928 年，主要在广告方面突出了品牌的宣传，有了新的管理方式，即品牌由职能部门管理。

1930—1950 年，出现了品牌经理，诞生了品牌管理系统（Neil McElroy，1931）。

1950—1960 年，许多企业开始尝试实施品牌管理系统，特别是消费品企业，重塑品牌忠诚，品牌管理和品牌营销在市场营销中的地位和作用充分体现了出来，有学者开始对品牌管理理论进行研究（Burleigh B. Gardner、Sidney J. levy，1955）。

1960—1980 年，品牌经理制在全球盛行。

20 世纪 80 年代—90 年代初，出现品牌整合，品牌资产盛行（David A. Aaker，1991）。

20 世纪 90 年代以来，品牌战略和品牌管理成为公司战略和管理的重要新领域，围绕如何做好品牌管理，出现了不少的专著和可操作方法。代表性观点如下：

奥美提出了“品牌管家”（brand stewardship），并在 90 年代末进一步提出了“360 品牌”理论模式。

萨奇提出了“全球品牌策略”（the global branding）。

电通提出了“品牌传播”（brand communication）。

达波思提出了“品牌轮”（brand wheel）。

智威汤逊提出了“整合品牌建设”（total branding）。

戴维森（1997）提出了“品牌冰山”理论和思想。

Tom Duncan（1998）提出用“价值范畴”代替“价值链”的品牌关系研究新模式。

David A. Aaker（1998）明确提出了基于单个企业品牌系统的“品牌群”概念，首次将生态学的种群概念引入到品牌理论的研究中，并指出这是一个认识品牌的全新角度，又在 2000 年进一步提出了“品牌领导”的新管理模式。

Agnieszka Winkler（1999）提出了品牌生态环境的新概念，并指出品牌生态环境是一个复杂、充满活力并不断变化的有机组织的论断。从上述品牌理论研究和发展历程看，品牌与生态的结合将成为品牌理论发展的新趋向，生态学将成为解决品牌复杂性问题的桥梁，成为品牌理论创新与发展的新视角。

这一阶段，生态学和品牌学的交叉学科——品牌生态学被提出，从理论上讲，品牌生态学是网络经济时代各种具体品牌思想、方法及先进品牌管理技术的集成、综合和创新。品牌生态学将成为解决企业品牌复杂性问题的一门指导性科学。

二、品牌理论产生的萌芽阶段

自 20 世纪以来，品牌与科技尤其是与传播技术的紧密结合，促使品牌开始逐步走向成熟。在品牌理论产生之前的这一萌芽阶段，世界各著名广告公司的定位纷纷从广告版经纪人逐渐向提供全面品牌服务的信息咨询公司转变；同时品牌传播的形式也层出不穷，例如，除报纸、杂志、广播、电视外，霓虹灯广告、路牌广告、购物点广告、邮递广告以及空中广告在欧美甚为流行；品牌策划与创意更是被广泛使用，例如，1927 年福特 A 型轿车的广告策划，1929 年可口可乐公司的品牌形象重塑等。总体来说，在 1915 年至 1928 年间，主要在广告方面突出对品牌的宣传，有了新的管理方式，即品牌由职能部门管理；在 1930 年至 1945 年间，尤其是以宝洁公司的尼尔·麦克罗伊（Neil McElroy）提出和建立品牌经理制和品牌管理系统为标志，品牌实践才真正开始繁荣起来，品牌也日益成为提升企业竞争力的主要源泉。其中，品牌经理制的要点是：

（1）企业为其所辖每一子品牌都专门配备一名具有高度组织能力的品牌经理。

（2）品牌经理对所负责品牌的产品开发、产品销售以及产品的利润负全部责任。

（3）品牌经理统一协调产品开发部门、生产部门及销售部门的工作，负责品牌管理影响产品的所有方面以及整个过程。至此，实业界的这些操作带来了对品牌理论研究极大的社会需求。

三、古典品牌理论阶段

古典品牌理论阶段是品牌学理论的最初形成阶段（20 世纪 50~80 年代）。

首先，侧重于从品牌的定义、命名、标识、商标等方面对品牌的内涵和外延进行规范研究；其次，从塑造角度提出了许多具有战略性意义的品牌理论，如独特销售主张理论、品牌生命周期理论、品牌形象理论、品牌个性理论、品牌定位理论、品牌延伸理论等。

（一）20 世纪 50 年代

主要的代表性成果有：

（1）奥美在 1950 年首次提出品牌概念。

（2）Gardner 和 Levy（1955）发表的第一篇品牌专业性论文《产品与品牌》，提出了情感性品牌和品牌个性思想。

（3）劳斯·瑞夫斯（20 世纪 50 年代初）提出独特销售主张理论（USP）。该理论有三条原则，即通过每则广告都向顾客提出同一个主张，但这个主张必须是竞争对手所不能或不曾提出的，并且必须有足够的促销力来打动顾客。其中，寻找产品或服务的独特是 USP 理论的根本。20 世纪 90 年代，广告发展到品牌至上时代。瑞夫斯重新审视 USP，继承并发展了这一理论，即 USP 的创造力在于揭示一个品牌的精髓，并强有力地证实此品牌的独特性，使之变得所向披靡，势不可挡。一般来说，很多领域，如果竞争尚处于初级阶段的话，都可以通过 USP 迅速获得突破性成果，但是竞争程度与层次一旦升级，USP 战略就有问题，原因是科技更新很快，竞争对手“模仿”的速度也很快。

（二）20 世纪 60 年代

主要的代表性成果有：

（1）Ligh 和 King（1960）对品牌内涵和外延进行了规范性研究。

（2）曼弗雷·布鲁恩（20 世纪 60 年代初）提出了品牌生命周期理论，即品牌生命周期由品牌的创立、稳固、差异化、模仿、分化以及两极分化 6 个阶段组成。

（3）Ogilvy（1963）提出了品牌形象理论。该理论有三个原则，即随着产品同质化的加强，消费者对品牌的理性选择减弱；人们同时追求功能及情感利益，广告应着重赋予品牌更多感性利益；任何一则广告，都是对品牌形象的长期投资。

（4）20 世纪 60 年代，美国 Grey 广告公司提出了“品牌性格哲学”，日本的小林太三郎教授提出了“企业性格论”，从而“品牌个性理论”（brand character theory）逐渐形成。该理论认为，在与消费者的沟通中，从标志到形象再到个性，个性是最高的层面；为了实现更好的传播沟通效果，应该将品牌人格化，即思考“如果这个品牌是一个人，它应该是什么样子（找出品牌的价值观、外观、行为、声音等特征）”；塑造品牌个性应使之独具一格、令人心动、历久不衰，关键是用什么核心图案或主题文案能表现出品牌的特定个性；寻找选择能代表品牌个性的象征物往往很重要。

（三）20 世纪 70 年代

主要的代表性成果有：

（1）Trout 和 Ries（1972，1979）提出了品牌定位理论，该理论有三条法则，即“聚焦法则”“牺牲法则”和“延伸法则”。“定位”的概念最早是从解决品牌市场传播效率的角度提出来的。由于企业品牌推广的任何活动都具有传播品牌信息的功能，因此，为了提高品牌的市场传播效率，必须对品牌定位进行系统的管理。这样，“定位”的概念就由单纯的传播方法演变为对产品或品牌进行战略管理，增加品牌资产的一种系统管理工具。定位的本质，是让品牌在顾客的心智阶梯中占据最有利位置，使品牌成为某个类别或某种特性的代表品牌。品牌定位方法主要有三种，即抢先占位、关联定位、为竞争对手重新定位。

（2）Tauber（1979）在发表的论文《品牌授权延伸，新产品得益于老品牌》中，首次提出了品牌延伸的思想问题。

（四）20 世纪 80 年代

主要的代表性成果有：

（1）Tauber、Boush、Allen、Bragg、Fiske、Broniarczyk、Aaker、Keller、Park、Sunde、Rangaswamy、Loken、Bottomley、Smith、Barone 等学者对品牌延伸理论进行构建。这些研究主要集中在消费者对原品牌的态度、原有品牌与延伸品牌的关系、品牌联想对延伸品牌的影响、消费者评价延伸产品的过程、品牌延伸对原品牌的影响、品牌延伸对市场份额和广告效率的影响等方面。

（2）西方广告学界从品牌管理角度提出了“品牌权益（brand equity）”概念。当时，许多西方国家都面临着经济不景气，企业不得不采取各种方法降低成本提高利润，广告费成为被削减的对象，企业频繁使用以降价和促销为重点的营销方式，虽然促进了短期销售的增长，但却损害了品牌形象和企业长期发展的利益。广告学界认为这样做是非常危险的，为了提醒企业重视品牌对于企业长期发展的重要作用，避免价格促销对品牌所造成的负面影响，于是提出了品牌权益这个概念。与此同时，多起金额巨大的、以品牌为主要目标的并购案也使人们对品牌的财务价值（brand asset）有了更为直观的认识。

从品牌实践的角度来说，在 1950 年至 1960 年间，许多企业特别是消费品企业实施了品牌管理系统和重塑品牌忠诚活动，同时品牌管理和品牌营销在市场营销中的地位和作用也日益显现出来；在 1960 年至 1980 年间，品牌经理制开始在全球范围内盛行。

四、现代品牌理论阶段

现代品牌理论阶段是品牌学理论的深化发展阶段（20 世纪 80 年代末至 90 年代），以品牌资产理论的提出为标志，主要包括品牌权益（资产、价值）理论、品牌权益（资产、价值）管理理论和品牌权益（资产、价值）管理运作模型等三个方面的内容。

（一）品牌权益（资产、价值）理论

20 世纪 80 年代末 90 年代初开始，品牌权益（资产、价值）理论研究成为了新的重大学术热点领域。目前，在国外文献中，有品牌资产（brand asset）、品牌权益（brand equity）和品牌价值（brand value）等几个与品牌资产有关的概念。总体来说，它们之间的关系为：品牌资产是从资产分类的财务会计角度对品牌的静态描述，属于结果性概念；品牌权益描述的是品牌资产形成的动态过程以及各个影响因素之间的相互作用，属于过程性和关系性概念；而品牌价值是从哲学和经济学本源上描述品牌资产能够存在的根本原因，为品牌资产和品牌权益的研究奠定理论基础，属于原因性概念。

品牌资产研究主要集中在品牌资产财务价值评估，也就是品牌资产的价格评估上。这种方法是仿照企业其他无形资产评估的方法对品牌资产的价格进行估算。在公司并购、品牌使用许可与特许、合资谈判、侵权诉讼索赔等产权交易活动中，都涉及或要求对品牌作价。出于这种需要，许多资产评估公司纷纷涉足品牌评估，并发展出许多评估方法，主要有成本法、市场法和收益法等。该领域的研究代表有 Hill、Lederer 和 Keller（2001）、Davis（1999、2002）、Franklin（2003）等学者。

品牌权益已成为品牌领域中使用最广泛但歧义也最多的概念。其中，美国市场营销科学研究院（MSI）、Farquhar（1989）、Aaker（1991，1995，2000，2004）、Kamakura 和 Russell（1991）、Keller（1993，1998，2002）、Park 和 Srinivasan（1994），Kapferer（1998，2004）、Feldwiek（2002）等学者的定义最具代表性。该领域的研究，主要集中在品牌权益的形成机理及其测评上，即以探究品牌权益的构

成要素及相互关系为出发点，寻找隐藏在品牌资产的经济价值后面的本质驱动因素。这类方法关注的是品牌权益的形成原因和过程，偏重对品牌与顾客的相互影响进行定性研究。主要的核心文献包括，如 Y&R（Brand Asset TM Valuator）、Total Research（Equity Trend TM）等咨询公司开发的以管理决策为导向的测评方法，Pitta 和 Katsanis 的《九十年代品牌资产管理计划》，Aaker（1991，1995）的品牌权益五星模型和品牌资产十要素模型（brand equity ten），Keller（1993，1998）基于消费者的品牌权益模型（customer—based brand equity）等。

品牌价值研究主要集中在从经济学本源上描述品牌资产的使用价值和价值。其中，使用价值表现为它具有识别功能、竞争功能和增值功能，价值包括成本价值和增值价值。但缺乏从价值哲学的高度出发，探讨品牌价值的本质、评价、分类、选择、取向、创造、演进及管理等一系列的系统问题。该领域的研究代表有 Nilson（1998）、Elwood（2002）、Mozota（2004）、Arvidsson（2005）、Turkel（2006）、Lehu（2006）等学者。

（二）品牌权益（资产、价值）管理理论

随着对品牌权益、资产和价值概念及其理论研究的深入，人们认识到，为保证品牌权益、资产或价值的有效形成和长期发展，必须设专门的组织和规范的指南进行管理。为此，品牌权益、资产和价值管理理论研究应运而生。这方面的主要研究成果有：Aaker 的著作《管理品牌权益》（1991）、Kapferer 的著作《战略品牌管理：创造和测评品牌权益的新方法》（1998，2004）、Keller 的著作《战略品牌管理》（1998，2002）及论文《品牌报告卡》（2000）、Davis 的著作《品牌资产管理：通过自主品牌驱动利润增长》（1999，2002）、Nilson 的著作《竞争性品牌塑造：通过增加品牌价值赢得市场地位》（1998）、Hill 和 Lederer 的著作《无限的资产：管理品牌以建立新价值》（2001）、Ellwood 的著作《品牌必备书：100 余种增加品牌价值的技巧（第 2 版）》（2002）、Mozota 的著作《设计管理：使用设计以建立品牌价值和公司革新》（2004）、Haig 的著作《品牌忠诚：世界品牌 100 强如何繁荣和生存》（2004，2006）、Durkin 的著作《忠诚的优点：使公司、消费者和品牌富有活力的必备步骤》（2005）、Lehu 的著作《品牌维护：如何通过对品牌的保护、强化和增加价值以防止品牌衰老》（2006）、Turkel 的著作《建立品牌价值：利润传递的七个简单步骤》（2006）等。

（三）品牌权益（资产、价值）管理运作模型

在上述品牌权益、资产和价值管理理论研究的基础上，实践界特别是咨询界，围绕如何做好品牌权益（资产、价值）管理实践，提出了不少运作模型，例如奥美的“品牌管家（brand stewardship）”、萨奇的“全球品牌策略”、电通的“品牌传播”、达彼思的“品牌轮（brand wheel）”、智威汤逊的“整体品牌建设（total branding）”等。总体来说，在此阶段，品牌开始上升为公司战略和管理中重大的新兴领域。

五、当代品牌理论阶段

当代品牌理论阶段是品牌学理论的全面发展阶段（20 世纪 90 年代末至今），以品牌关系理论的深入研究为标志。除古典品牌理论、现代品牌理论进一步创新、完善和相互渗透之外，主要包括品牌关系和品牌力理论、品牌塑造方法、战略性品牌管理理论、范畴性品牌理论（源于品牌的外延不断扩展）及其他新兴品牌思想等方面的内容。

品牌关系和品牌力理论。20 世纪 90 年代中期以来，随着对营销的认识逐渐由职能论、交易营销向过程论、关系营销的转变和对品牌权益（资产、价值）形成机理的深层反思，以及受新兴战略管理理论（如利益相关者、组织生态系统等）的交叉渗透，学术界开始出现了以“品牌关系”为研究中心的热潮。纵览品牌关系理论的研究范式和发展历程，大致可概括为“两类型”“三阶段”和“五层面”：物理型品牌关系和生态型品牌关系；传统品牌关系阶段、深层品牌关系阶段和生态型品牌关系阶段；品牌与产品/市场之间的关系层面、品牌与相关品牌之间的关系层面、品牌与顾客/利益相关者之间的关系层面、品牌与资源之间的关系层面、品牌与环境之间的关系层面。其中，前两个阶段的思想根源，主要是基于“物理”的片面思维和视角。主要成果有：

传统品牌关系阶段认为，品牌关系是品牌与产品/市场或品牌与顾客之间的关系。第一个方面的文献很多，如传统标识说、商标说、品牌延伸理论、品牌定位和品牌起源理论等；第二个方面的核心文献包括，如 Webster（1992）、Mokenna（1997）和 Gordon（1998）的关系营销论；Schultz 和 Barnes 的战略品牌传播理论（1997，1999）；Peppers 和 Rogers 的客户关系管理（1993，1997）；Blackston 和 Max 的品牌关系概念模型（1992，1995）；Foumier 的品牌关系分析架构（1994，1998）；Blattberg（1996）、Rust 和 Zeithaml（2001）的客户资产论；Vaidyanathan 和 Aggarwal 的品牌关系交往规范研究（2001）；卢泰宏、周志民的品牌关系指数模型（2003）；McAlexander、Schouten 和 Koenig 的品牌社群理论模型（2002）等。

深层品牌关系阶段认为，除传统观点外，品牌关系应是品牌与顾客/利益相关者或品牌与相关品牌之间的关系。第一个方面的核心文献包括，如 Duncan 和 Moriarty 的品牌价值范畴概念和整合营销模型（1998）；De Chematony（2000）、Nicholas Ind（2004）、Sartain 和 Schumann（2006）的品牌—员工关系论；Shin Kwang Yong 的整合营销传播战略思想（2001）；Foley 和 Kendrick 的品牌利益相关者均衡关系理论（2006）等。第二个方面的核心文献包括，如 Aaker 和 Joachimsthaler 基于单个企业的品牌群概念、品牌识别理论（1995）、品牌关系谱和品牌结构模型（2000），以及 Aaker 的品牌组合战略（2004）；Hill 和 Lederer 基于企业生态系统的品牌组合分子模型（2001）；Blackett 和 Boad 的品牌联合思想（1999）等。

生态型品牌关系阶段认为，品牌关系是品牌与品牌化事物/市场、相关品牌、顾客/利益相关者、资源、环境之间的关系体系。核心文献包括：Davison 的品牌冰山概念（1997）；Winkler 的品牌生态环境思想（1999）；王兴元的名牌生态系统学说（1999，2000，2004）；张锐提出的品牌生态概念（2002）、品牌生态系统结构模型（2003）、品牌生态管理思想（2003）、生态型品牌关系框架模型（2005）；陈云岗的品牌资源构成模型、品牌环境构成模型（2004）；营销学中的环境论等。

第二节　常用的品牌理论概述

在品牌学术研究与实践运营中，虽然出现的品牌理论较多，但常用的品牌理论多集中在以下几种，即品牌战略研究、品牌定位研究、品牌关系与品牌形象研究、品牌资产研究、品牌传播、品牌生态学等。

David A. Aaker（1998）明确提出了基于单个企业品牌系统的“品牌群”概念，首次将生态学的种群概念引入到品牌理论的研究中，并指出这是一个认识品牌的全新角度，并在 2000 年进一步提出了“品牌领导”的新管理模式；Agnieszka Winkler（1999）提出了品牌生态环境的新概念，并指出品牌生态环境是一个复杂、充满活力并不断变化的有机组织的论断。从上述品牌理论研究和发展历程看，品牌与生态的结合将成为品牌理论发展的新趋向，生态学将成为解决品牌复杂性问题的桥梁，成为品牌理论创新与发展的新视角。

一、品牌战略

品牌战略理论将品牌视为企业的一种战略，需要放在战略的高度，并非是战术层面。品牌战略理论源于约翰·墨菲（John Murphy）的《品牌战略》和杜纳·E. 科耐普的《品牌智慧》，他们对于品牌战略问题进行了集中的研究。

品牌战略是企业为了提高品牌的竞争力，在质量、价格、营销和管理等诸多方面围绕着品牌所进行的全局性谋划方略，其目的就是创立和发展品牌，使品牌成为强势品牌或领导品牌。

品牌战略主要包括品牌发展战略、品牌形象战略、品牌延伸战略、品牌再活性战略和品牌撤退战略。

美国的品牌管理专家杜纳·E. 科耐普在他的《品牌智慧》中提出了品牌战略实施的五个主要步骤：第一是评价品牌的目前状况或未来前景；第二是制定品牌承诺；第三是构建品牌规划；第四是制定培植品牌文化计划和书面的品牌战略方针；第五是提升品牌优势。

他认为，实施品牌战略的每一个步骤都必须考虑顾客的观点，因而，缺乏客观反映消费者切身利益的品牌战略是品牌成功所面临的最大挑战。

二、品牌定位

品牌定位思想源于定位理论，定位理论较早由美国著名的广告经理人艾・里斯和杰克・特劳特 1972 年提出。后来，杰克・特劳特与史蒂夫・瑞维金合作编写的著作《新定位》发展了品牌的定位理论。他们认为，"定位从产品开始"，但"定位并不是要你对产品做什么事，而是你对未来潜在的顾客心智所下的工夫，即把产品定位在你未来潜在顾客的心上"。

在艾・里斯和杰克・特劳特的著作《定位：攻占心智》中，提出了品牌定位的八种方法：

（1）首次定位。是指品牌第一次进入受众心智的空白区，定位所传递的信息要使他们的心智第一次感知到，而且最大化。

（2）比附定位，又称反衬定位。是指以消费者所熟知的品牌形象作衬托，确定企业自身品牌与竞争对手的相关品牌相反或可比的定位的做法。

（3）特色定位。是指在面对竞争对手处于领导型品牌或垄断性品牌时，可以利用并巩固自己的品牌在潜在消费者心智中所拥有的位置，使其成为领导型品牌将要定位的位置。

（4）单一位置定位。是指当自己的品牌处于领导者地位时，以另外的品牌来压制竞争品牌。

（5）扩大名称定位。是指处于领导型的品牌用更广的名称或增大名称的适用范围来保持应有的地位。

（6）寻找空隙定位。是指从受众心智中寻找空隙，然后进行填补。空隙包含的内容很广，有受众特点、销售渠道等。

（7）类别品牌定位。是指当自己的一个强大品牌的名称成为某种产品类型名称的代表和象征时，另外的一个新产品必须用新的名称，而不能"搭便车"，沿用公司已有的品牌名称。

（8）再定位。再定位是指把品牌在消费者心智中拥有的位置除去，再使品牌按照新的思想在消费者的心智中建立新的位置。现在比较常用的品牌定位类型有比附定位、以功能为基点的定位、以价格为基点的定位、以产品外观为基点的定位、以创新为基点的定位。

三、品牌关系

（一）品牌关系的概念

尽管 Gordon 和 Corr 早在 1990 年就曾谈及品牌关系，但学术界普遍认为，品牌关系概念的正式提出始于 Research International（RI）市场研究公司的 Max Blackston。1992 年，Blackston 根据人际关系交往的原理规范了品牌关系的定义，认为品牌关系就是“消费者对品牌的态度和品牌对消费者的态度之间的互动”。在这个关系体系中，消费者与品牌被视为同等重要的两个部分，并且彼此之间会有互动反映，就像两个人之间的交往。良好的品牌关系，就是品牌与消费者之间，通过互动而形成一系列令人满意的关联状态，并形成品牌的优势。

Blackston 于 1995 年在对品牌资产的定性研究中提出了品牌关系模式，如图 2-1 所示。在该模型中，他将关系中的品牌分为主观品牌与客观品牌两个方面，根据这两个新概念，Blackston 将品牌关系界定为“客观品牌与主观品牌的互动”，指出品牌关系是品牌的客观面（主要表现为品牌形象，形象有好有坏）与主观面（主要表现为品牌态度，态度有正面有负面）这两个维度相互作用的结果。

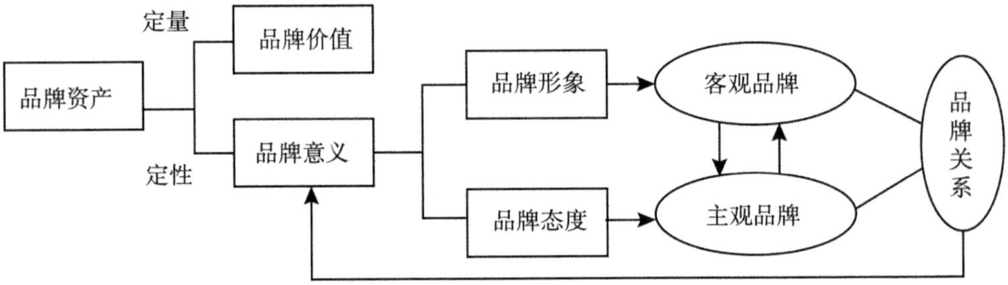

图 2-1　Blackston 品牌关系模型的基本思路

资料来源：Blackston M.，Blackston M.，Blackston M.，et al. The Qualitative Dimension of Brand Equity［J］. Journal of Advertising Research，1995，35（4）2：7.

Blackston 认为，品牌真正怎么样并不重要，因为关系是以消费者认为的品牌态度为基础的。就像和另一个人的关系一样，都存在于对方的头脑里，这就是一维的品牌形象和品牌关系的区别。我们必须在消费者头脑中找到两个独立的东西：作为态度对象的客观品牌和具有自己态度的主观品牌。

Mundkur（1997）在 Blackston 的品牌关系模型基础上，将其具体化，将互动元素变为四个，如图 2-2 所示。在该系统中其实存在品牌—品牌、品牌—顾客、顾客—顾客等各类互动关系达 12 种。可见 Mundkur 对品牌关系的定义比 Blackston 的范围更广，不仅研究品牌与顾客之间的互动关系，而且还有相关顾客之间的关系。Muniz J. R. 和 O'Guinn（2001）则将后者称为品牌社区（brand community）

1999 年，Biel 提出一个品牌概念透镜模型（lens model of brand perception），用以说明品牌关系、品牌形象与消费者三者之间的关系。在 Biel 看来，品牌关系其实是消费者与品牌技巧（brand skills，即品牌的功能属性）、品牌个性之间的关系。

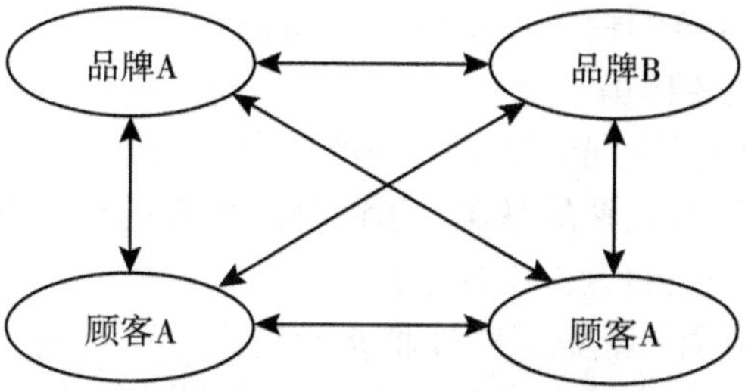

图 2-2　品牌关系互动模型

资料来源：Mundkur P.. A Two-Way Relationship [J]. The Atticus File, 1997 (3): 147-156.

从现实意义上讲，这一模型指明了品牌关系建立的关键，即提升优质的品牌技巧和塑造鲜明的品牌个性。

Fournier (2001) 品牌关系分析模型考虑的关系主体最多。该模型将消费者与品牌关系分成四个层面的关联（bonds）来研究：消费者与产品关联、消费者与品牌关联、消费者与消费者关联以及消费者与公司关联。这个复杂分析框架的提出表明 Fournier 已经将品牌关系的外延扩展，从多个层面对品牌关系进行考究。相比较 Blackston 和 Mundkur 的模型，Fournier 的模型在全面性和操作性上又前进了一大步。

（二）品牌关系的影响因素

Blackston (1993) 发现，那些成功受肯定的品牌关系都具备两种要素，即对品牌的信任和品牌的顾客满意度。他还建议维持品牌关系，可以通过包装、促销与公关以建立品牌态度与行为来进行。同时，他指出品牌关系的概念主要运用在广告方面，广告是品牌由态度和行为与消费者进行联系的唯一途径。

Fournier (1998) 认为品牌关系是当消费者接受品牌拟人化及广告赋予产品的生命象征时，表示其愿意将品牌视为关系伙伴的一员。将品牌赋予生命象征的来源有：(1) 产品代言人：产品代言人的个性可能与所要广告的品牌相当契合，则能加强品牌的联想；(2) 拟人化：将人的情感、想法与意志力转移到品牌上；(3) 伙伴关系：每天执行的营销组织决策即代表品牌行为，由此成为与消费者建立关系的基础。Fournier 还认为消费者对无生命的品牌，会赋予其一些人格特质如活泼的、稳重的等词汇，选择性赋予品牌某些情感、思想、意志等方面的人性特质。

Aaker (1997) 认为有两个因素会影响个人与品牌的关系：(1) 介于拟人化品牌与顾客的关系，如两人之间的关系；(2) 品牌个性，一个品牌呈现出某种形态的人，而其赋予关系深度、感觉与嗜好。

Duncan 和 Moriarty (1999) 认为，当紧密的品牌关系建立起来以后，企业所得到的利益将绝不止于重复销售，最大的好处在于可以加强顾客的稳定性和提高顾客终身价值，而维持顾客群的稳定性则可以帮助建立品牌忠诚度。

（三）品牌关系角色模型

对于不同消费者或者不同时期的同一消费者来说，品牌的角色都可能是不一样的。角色明确是研究品牌关系的基础，不同品牌关系的出现常常是因为品牌角色的差异。品牌关系角色研究的意义正在于此。

20 世纪 90 年代中期，奥美广告对亚洲新势力——“精灵世代”进行了大规模调查，结果发现，品牌在与消费者的关系中可以扮演五种重要角色——品质、地位、奖赏、自我表达和感受。其中，品质与产品功能有关，地位则满足了消费者对“面子和社会尊重感”的需要，奖赏诉求的是轻松、悠闲的生活方式，自我表达表示品牌对消费者自我的认可和传递，感受则给予消费者想象的空间。五种品牌角色满足了消费者五种不同的价值需求。这是品牌关系建立的基础。

Goodyear（1996）的品牌角色阶梯模型动态地描述了品牌在与消费者关系中所充当的角色。她认为，“市场演进可以理解为消费行为的不断延续，这种延续反映了营销人员与消费者的对话进行的程度”。基于这种认识，她把不同类型的品牌进行了排列。在不同的关系阶段，品牌充当了不同的角色，对消费者有着不同的含义。最初，品牌只是衡量产品质量的参考；随着营销人员在品牌中增添情感成分，品牌就发展出了个性；当亲密关系建立起来，品牌就成为了一个偶像；下一个阶段，消费者变得非常容易受公司营销活动的影响；最后，品牌成为企业政策的代名词，在社会文化认可中承担更多的责任。本质上，Goodyear 的模型体现的是角色动态论，对品牌发展方向有指导意义。

（四）品牌关系动态模型

品牌关系动态模型的视角是，消费者与品牌之间的关系如同人际关系的发展一样，有一个从无到有、从陌生到熟悉、从一般到亲密直至忠诚的渐进过程。目前这类研究大多借鉴了关系营销中的关系动态模型，如 Levinger（1983）的关系五阶段论（起始、成长、维持、恶化、瓦解）。

一些品牌关系动态模型趋于雷同，如奥美广告的关系五阶段论，Dyson、Farr 和 Hollis（1996）的品牌动态金字塔模型（brand-dynamics TM pyramid），Millward Brown International（简称 MBI）咨询公司的金字塔式模型等几项研究只是对同一个模型用了不同的表述，故以下仅介绍 MBI 咨询公司的模型。

MBI 公司认为，品牌与消费者关系的动态发展具有金字塔式的层级关系。随着二者关系由松散到紧密，品牌力也逐渐变得强劲。这五个层面是：存在——提示前知名度，相关——满足某种核心消费需要，功能——产品功能和绩效，优点——独特竞争优势，联结——某种情感联结。MBI 金字塔模型围绕的一条主线是消费者需求的满足。其关系建立的逻辑思路是，品牌所提供的具有优势的功能利益或独特的情感利益满足了消费者需求，从而最终形成了品牌与消费者之间紧密的情感联系。

Cross 和 Smith（1998）也提出过一个品牌关系五阶段论，包括认知、认同、关系、族群、拥护。不过，他们的研究视角与前几项研究不同，他们的阶段论是以消费者与品牌的接触过程作为主线的。在这个接触过程中，消费者逐渐形成了对品牌的态度，并采取行动。需注意的是，该模型不只涉及消费者与品牌的关系，还涉及消费者与其他消费者的交流。可以看出，该模型的分析框架与 Mundkur 思路一致（见图 2-2）。

Fournier（2001）的品牌关系动态模型是六阶段论，即注意（getting noticed）、了解（getting acquainted）、共生（growing together）、相伴（staying together）、分裂（dissolution）、复合（getting backtogether）。可见，这一模型的主线是消费者与品牌的相处过程。其他学者的研究描述的是一个良好的关系怎样形成，而 Fournier 的六阶段论与此有很大差异：首先，该模型不只陈述了关系的形成过程，也指出关系会由于种种原因而破裂，因此更加客观和全面地描述了关系的动态过程；其次，该模型是一个循环论，认为破裂的关系也可失而复得，从而为品牌危机公关和重塑品牌形象提供了理论依据。

（五）品牌关系类别研究

类别研究是品牌关系研究中的一个非常重要的部分，因为关系差异首先表现为类的差异。目前类别研究已有不少成果，其中，最核心的两项研究都采用了坐标分析图。

Blackston（1995）根据品牌关系模型设计了一个品牌关系分析图（见图 2-3）。该图是一个坐标系，分别以客观品牌（品牌形象）和主观品牌（品牌态度）为横、纵轴。研究者需选择两组反义词（如图中的受雇服务式—命令/权威式、热心—冷漠）作为横、纵轴的两端。根据这两组词，消费者对某一品牌进行评价，然后研究者按照消费者的评价在图中找到相应的坐标位置。通常不同消费者对同一品牌会有不同评价，反映在坐标图上是若干个位置不一的点（如图中的 A、B、C、D、E、F）。不过，这些点在图中只表示品牌形象与品牌态度的交叉，需通过研究者的诠释才能转化为不同的品牌关系状态。

Fournier（2001）也曾用品牌关系坐标分析图分析过 40 多个著名品牌。不过，她采用的两个维度是关系性质（社交/情感回报—效用/功能回报）和关系强度（表层/微弱—深层/强烈）。通过这个坐标图，可以找到品牌在关系中相应的角色。

Blackston 和 Fournier 的品牌关系坐标图粗看起来非常相似，其实差异是很大的：前者的两个维度是品牌形象与品牌态度，这在 Blackston 的理论里是品牌关系的重要组成部分；而后者的两个维度是关系性质和关系强度，这是 Fournier 衡量品牌关系质量的重要指标。

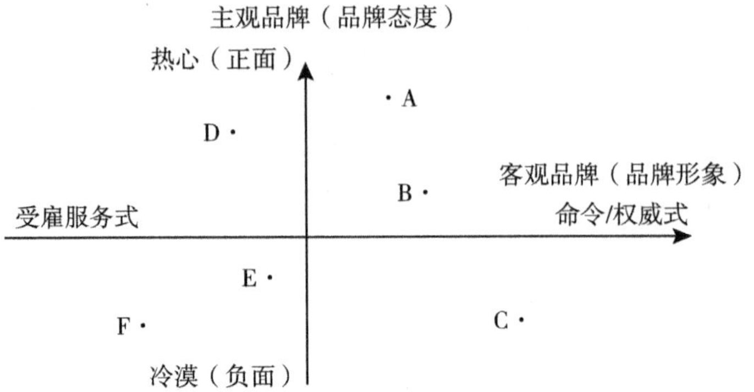

图 2-3　品牌关系坐标分析图

资料来源：Blackston M. , Blackston M. , Blackston M. , et al. The Qualitative Dimension of Brand Equity［J］. Journal of Advertising Research, 1995, 35（4）: 2-7.

（六）品牌关系质量的测试

品牌关系质量（brand relationship quality ，BRQ）是指品牌关系的状态及其强度（strength）。由于品牌关系在品牌资产中的重要地位，对 BRQ 的测量已成为品牌体检（brand audit）的重要环节。

Blackston（1992）通过研究消费者与企业品牌的关系发现，成功的、受到肯定的品牌关系都具有两项元素：顾客对品牌的信任和顾客对品牌的满意。Blackston 认为信任与亲密性有关，亲密性是衡量品牌与消费者关联程度的指标。关于顾客满意，Blackston 提出一个方程式：前瞻自发性+支持性=顾客满意度。值得质疑的是，仅用两个指标来衡量品牌关系可能显得薄弱。

Fournier（1994 ，1998）指出，BRQ 可分解为以下六个维度：爱与激情（love and passion）、自我联结（self-connection）、相互依赖（interdependence）、个人承诺（commitment）、亲密感情（intimacy）、品牌的伴侣品质（brand partner quality）。Fournier 的 BRQ 模型贯彻了其人际关系的研究思路，相对于其他测试指标体系来说具有显著特色，但目前尚未将指标量化，因而存在操作上的缺陷。

Duncan 和 Moriarty（1999）从企业实际运作的角度提出用八个指标来评价消费者与品牌的关系：知名度、可信度、一致性、接触点、同应度、热忱心、亲和力、喜爱度。相比较其他指标体系而言，以上八个指标更具有操作性价值，但指标数目是否完善、指标之间是否有排他性就不得而知。

四、品牌资产

品牌资产（brand equity），也称品牌权益。1989 年 9 月，美国《营销研究》发表了彼得·法古哈（Peter H. Farquhar）所写的名为《经营品牌资产》的报告。两年后，美国加州大学的大卫·艾克以更完整的理论、架构和实例出版了同名专著。

美国市场营销科学研究院（MSI）将品牌资产定义为："品牌客户、渠道成员、母公司等方面采取的一系列联合行动，能使该品牌产品获得比未取得品牌名称时更大的销量和更多的利益，还能使该品牌在竞争中获得一个更强劲、更稳定、更特殊的优势。"

彼得·法古哈（1990）认为，品牌资产是指"对企业、经销商或消费者而言，品牌赋予消费者的价值"。

大卫·艾克（1991）认为，品牌资产指"与品牌、品牌名称和品牌标识等相关的一系列资产或负债，它们可以增加或减少通过产品或服务给企业和/或顾客带来的价值"。品牌资产包括品牌忠诚、品牌认知、感知质量、品牌联想、其他专有资产（包括专利、商标、渠道关系等）五个方面。

凯勒（1993）提出的品牌资产概念主要从消费者对品牌的心理反应，而非从财务方面去衡量品牌的价值。他提出了以顾客为本的品牌资产，即由于顾客对品牌的认识而引起的对该品牌营销的不同反应。就以顾客为本的品牌资产的框架而言，消费者印象中的品牌知识是创建与管理品牌资产的关键所在。该定义有三个重要的组成部分：（1）不同的效应；（2）品牌的认同；（3）顾客对营销的反应。可见，以顾客为本的品牌资产来源于消费者对品牌的认知及因此产生的差异反应。

五、品牌研究的三大趋向

（一）企业取向

奠基人：Jean-Noel Kapferer。

对品牌的理解：品牌是条件性资产，即品牌是产品加上产品之外的附加值。

品牌战略制定的起点：品牌识别。

品牌建立范式的侧重点：自上而下建立品牌。

品牌资产测量的视角：财务角度。

派生的理论流派：品牌取向、基于企业内部视角的品牌管理。

（二）企业与顾客兼顾

奠基人：David A. Aaker。

对品牌的理解：企业战略之脸。

品牌战略制定的起点：战略品牌分析。

品牌建立范式的侧重点：自上而下建立品牌。

品牌资产测量的视角：顾客与财务联合的角度，市场角度。

派生的理论流派：信息经济学视角，品牌资产的财务价值，利益相关者聚焦的品牌逻辑，基于雇员的品牌资产，全球品牌，品牌价值共创。

（三）顾客取向

奠基人：Kevin Lane Keller。

对品牌的理解：品牌知识导致顾客对营销活动的差异化反应，即品牌是产品之外的附加值。

品牌战略制定的起点：品牌定位。

品牌建立范式的侧重点：自下而上建立品牌。

品牌资产测量的视角：顾客角度。

派生的理论流派：消费者—品牌关系，品牌个性，品牌社群，文化品牌化，品牌体验，品牌依恋，品牌之爱，品牌价值观。

☞ 关键术语

品牌战略	品牌定位	比附定位	特色定位
品牌关系	品牌关系动态模型	品牌关系质量	品牌资产

☞ 思考题

1. 简述品牌理论的发展历程。
2. 简述现代品牌理论阶段代表性理论。
3. 何为品牌战略？品牌战略具体包括哪些内容？如何实施品牌战略？
4. 简述里斯与特劳特的品牌定位的具体方法。
5. 试分析品牌关系模型的基本思路。
6. 论述品牌关系的影响因素。
7. 简述凯勒对于品牌资产的定义。
8. 试比较分析品牌资产与品牌权益理论。
9. 试论述品牌研究的三大趋向问题。

第3章　基于网络背景的品牌新表征

【学习目标】

了解网络购物的发展历程

掌握网络营销与传统营销的比较

了解网络营销发展现状、面临问题和解决对策

掌握网络发展对品牌的影响

【章节纲要】

本章主要分三节介绍基于网络背景的品牌特征相关知识。第一节主要介绍网络购物发展历程；第二节主要介绍传统企业如何应对网络营销；第三节主要介绍网络发展对品牌的影响。

第一节　网络购物发展历程

将整个发展历程细分，网络购物成果显著，但也呈现出几段小低潮。根据生命周期理论，新事物出现后一般会经历导入期、发展期、成熟期、衰退期四个阶段。其中，在向衰退期进化过程中，要么直接进入衰退期，如果能够进行创新与突破，会步入新的生命周期循环。本书以网民规模、网商规模、网络活跃度、互联网相关企业数量为划分依据，对网络购物生命周期进行划分。

一、生命周期理论概述

（一）生命周期理论的提出

生命周期是一种非常有用的工具，标准的生命周期分析认为市场经历发展、成长、成熟、衰退几个阶段。然而，真实的情况要微妙得多，了解这一过程给那些真正理解这一过程的企业提供了更多的机会，同时也能更好地对未来可能发生的危机进行规避。

生命周期理论由卡曼（A. K. Karman）于1966年首先提出，后来赫塞（Hersey）与布兰查德（Blanchard）于1976年发展了这一理论。该理论以四分图理论为基础，同时吸取了阿吉里斯的不成熟—成熟理论。

阿吉里斯主张有效的领导人应当帮助人们从不成熟或依赖状态转变到成熟状态。他认为，一个人由不成熟转变为成熟的过程，会发生七个方面的变化。他认为，这些变化是持续的，一般正常人都会从不成熟趋于成熟。每个人随着年龄的增长，有日益成熟的倾向，但能达到完全成熟的人只是极少数。

（二）行业生命周期理论

行业生命周期指行业从出现到完全退出社会经济活动所经历的时间。行业生命周期包括四个发展阶段：幼稚期，成长期，成熟期，衰退期。如图 3-1 所示。

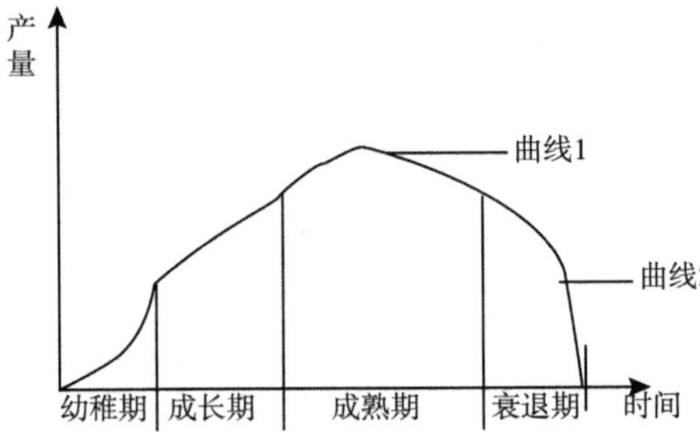

图 3-1　行业生命周期

行业生命周期曲线忽略了具体的产品型号、质量、规格等差异，仅仅从整个行业的角度考虑问题。行业生命周期可以把成熟期划为成熟前期和成熟后期。在成熟前期，几乎所有行业都具有类似 S 形的生长曲线，而在成熟后期则大致分为两种类型：第一种类型是行业长期处于成熟期，从而形成稳定型的行业，如图 3-1 中右上方的曲线 1；第二种类型是行业较快地进入衰退期，从而形成迅速衰退的行业，如图中的曲线 2。行业生命周期是一种定性的理论，行业生命周期曲线是一条近似的假设曲线。

识别行业生命周期所处阶段的主要指标有：市场增长率、需求增长率、产品品种、竞争者数量、进入壁垒及退出壁垒、技术变革、用户购买行为等。下面分别介绍生命周期各阶段的特征。

（1）幼稚期：或称之为导入期，这一时期的市场增长率较高，需求增长较快，技术变动较大，行业中的用户主要致力于开辟新用户、占领市场，但此时技术上有很大的不确定性，在产品、市场、服务等策略上有很大的余地，对行业特点、行业竞争状况、用户特点等方面的信息掌握不多，企业进入壁垒较低。

（2）成长期：或称之为发展期，这一时期的市场增长率很高，需求高速增长，技术渐趋定型，行业特点、行业竞争状况及用户特点已比较明朗，企业进入壁垒提高，产品品种及竞争者数量增多。

（3）成熟期：这一时期的市场增长率不高，需求增长率不高，技术上已经成熟，行业特点、行业竞争状况及用户特点非常清楚和稳定，买方市场形成，行业盈利能力下降，新产品和产品的新用途开发更为困难，行业进入壁垒很高。

（4）衰退期：这一时期的市场增长率下降，需求下降，产品品种及竞争者数目减少。从衰退的原因来看，可能有四种类型的衰退，它们分别是：

①资源型衰退，即由于生产所依赖的资源的枯竭所导致的衰退。

②效率型衰退，即由于效率低下的比较劣势而引起的行业衰退。

③收入低弹性衰退。即因需求—收入弹性较低而衰退的行业。

④聚集过度性衰退。即因经济过度聚集的弊端所引起的行业衰退。

行业生命周期在运用上有一定的局限性，因为生命周期曲线是一条抽象化了的典型曲线，各行业按照实际销售量绘制出来的曲线远不是这样光滑规则，因此，有时要确定行业发展处于哪一阶段是困难的，识别不当，容易导致战略上的失误。而影响销售量变化的因素很多，关系复杂，整个经济中的周期性变化与某个行业的演变也不易区分开来。再者，有些行业的演变是由集中到分散，有的行业由分散到集中，无法用一个战略模式与之对应。因此，应将行业生命周期分析法与其他方法结合起来使用，才不至于陷入分析的片面性。

二、网络购物的生命周期

（一）网络购物导入期

网络购物的导入期可以界定为 1994 年至 2002 年。

1994 年的“三金工程”（金管、金卡、金税）标志着我国网络购物的诞生。随后，网络购物逐步导入，如 1996 年全桥网与因特网正式开通；1997 年第一家垂直互联网企业成立；1998 年以 8848 为代表的 B2C 企业正式运营，此时进入网络购物的实际应用阶段；到 2002 年，一批 B2B、B2C、C2C 互联网企业成立与运营，如中国化工信息网、阿里巴巴、易趣网、慧聪网、当当网等。网络购物处于起步阶段，信息化水平偏低，公共社会缺乏了解，网民、网商与互联网企业数量稀少，网络购物整体市场尚未成型。网民接触网络仍以电子邮件、浏览新闻、网络聊天、论坛、交友等为主。2000 年至 2002 年，全球互联网崩盘，互联网泡沫开始消退，网络购物的发展面临巨大的危机。网络购物的导入期也为其进一步发展打下了基础，作为一个新事物开始逐渐被大众了解并接受，培育了较好的社会舆论与环境。

（二）网络购物发展期

网络购物的发展期可以界定为 2003 年至 2008 年。

网络购物增长速度较快，互联网企业不断演绎且成果喜人，如 2003 年阿里巴巴推出了淘宝网与支付宝，同年慧聪网成功上市；2004 年马云正式提出“网商”

的概念；2006 年网盛科技成功上市，同年首家独立移动电商企业“买卖宝”成立；2007 年京东商城斩获风投，淘宝网涉足移动业务；2008 年众多服装类 B2C 网购平台开始运营。网络购物的飞速发展得益于经济的高速增长，以及信息技术、物联网技术、网络支付技术的发展与推广。国家也出台多项措施，旨在推动网络购物的发展。在发展期，网民数量、网购网民数量与网络购物交易额达到新高度，网购与网商观念得到认同，企业、网民、资金、信息、技术纷纷涌入网络购物行业。政策、物流、支付、诚信等瓶颈得到基本解决，网络购物基础环境不断成熟。虽然还未颠覆社会大众的生活习惯与方式，但已推动了现实社会与虚拟网络的不断融合。

（三）网络购物成熟期

网络购物的成熟期可以界定为 2009 年至 2013 年。

2009 年起，网络购物增速加快，消费者与互联网企业逐渐成熟，政策与环境日趋完善，网民数量剧增，网络购物交易额逐年攀升。伴随 3G 网络与 Wi-Fi 网络兴起，网络设备价格下降，网络速度提升与资费下调，为网络购物的成熟发展提供了设备与环境基础。从 2010 年到 2012 年，智能手机兴起，保有量剧增，到了 2012 年千元智能手机获得普及，推动着移动上网行为的流行。从中央到地方，各类政策出台，推动着网络购物的成熟发展。云计算、大数据、移动技术优势凸显，网络购物平台功能全面化。基于网络购物的增值服务不断涌现，如网络议价、网络导购、网站模特、网络运营服务与外包等。各类移动购物应用开发、移动支付得到完善，在国内经济发展乏力的背景下，移动网络购物初露端倪。

（四）网络购物突破与创新期

网络购物的突破与创新期可以界定为 2014 年至今。

受网民规模增速和智能终端的推动，4G 网络得到推广，网络购物迎来新的发展机遇。李克强总理在 2014 年的《政府工作报告》中提出要鼓励网络购物创新发展。经过近一年的发展，在 BAT（百度、阿里、腾讯）三巨头推动下，京东、苏宁、1 号店、国美、聚美优品等传统企业或传统电商纷纷布局移动电商业务，移动购物份额剧增，移动网络购物模式涌现。由此，预示着网络购物移动化时代的来临。

第二节　传统企业应对网络营销

一、网络营销的基本概念

武汉大学教授黄敏学认为，网络营销是以互联网络为媒体（电子通信、数据交换等），以新的方式、方法和理念实施营销活动。该观点认为网络营销的目的在于有效地促成个人和组织交易活动的实现；主要强调伴随着信息技术的发展而发展，但是不是完全以信息技术（尤其是网络技术）为平台。

浙江大学教授孔伟成等人认为，网络营销是企业整体营销战略的一个组成部分，是建立在互联网基础上，借助于互联网特性来实现营销目标的一种营销手段。

Rafi A. Mohammed 和 Rob-ert Fisher 等人（2005）在其合著的《网络营销》一书中定义网络营销为“通过在线活动建立和维护客户关系，以协调满足公司与客户之间交换概念、产品和服务的目标”。这个定义中包括了五个基本要素：过程、建立和维护客户关系、在线、交换以及公司和客户双方需求的满足。

此外，还有的学者认为，网络营销是借助于互联网完成一系列运行环节以达到营销目标的过程。

上述观点对网络营销概念的界定，主要有如下特点：

（1）不同的概念理解可能会导致对“网络营销”的不同研究思路，即或关注于具体操作过程，或关注于整体的“网络营销”理论基础研究。

（2）不同的侧重却有较多的共性部分。尤其表现在基于互联网的运作和营销方法手段方面，并且营销目标和工具与传统营销是一致的。

网络营销理论经过多年的发展，虽有诸多不同的观点，但是整体来看尚未形成严格的理论体系。不过，我们仍需明确以下几点：

（1）网络营销不等于简单的网上销售活动，如对传统媒介的运用等。

（2）活动范围不仅仅局限于网络空间。

（3）理论基础中有传统营销理论的部分。

事实上，从网络营销活动本身来看，由于互联网的存在，还有一些新问题，具体如下：

（1）需要考虑到生产方、分销方、顾客之间的互动关系，实现高效运作。

（2）网络营销本身应该有一个完整的业务流程，这是企业目前需要建立的。

（3）网络营销中必须认真考虑四大要素：安全性、技术对等、小额款项处理（表现为认证）、实时交易。

（4）应该实现生产和服务过程在网络流通中增值（低成本、时效性）。

（5）在技术方面，需要一套标准化的技术和方法理论体系。

二、网络营销与传统营销对比

传统营销与网络营销没有谁取代谁的关系，在现有的市场环境下，两者各有优势与适用范围，在一定程度上，两者的优劣势是彼此对应的。很多情况下，传统营销与网络营销需要彼此配合与同时使用。这里只描述网络营销的优劣势。

1. 网络营销的优势

（1）企业重要的发展战略方向，有利于企业获得长期的竞争优势。

（2）可以满足消费者个性需求，消费者决策具有便利性和自主性。

（3）可以提高时效性，企业快速响应市场成为可能。

（4）可以使企业降低成本。

（5）可以提高沟通，提高服务水平，增强促销效果。

2. 网络营销的劣势

信任感不强、缺乏生趣、技术和安全性问题、价格问题（隐伏着价格战）、广告效果不佳、企业被动促销加剧、运作方式还有待完善（如测量工具等技术的进步）。

三、网络营销与传统营销的整合思路

1. 传统营销对网络营销的指导

互联网络获利源泉本质在于信息服务，大量的交易还得离线进行。网络营销的效益依赖于企业整体价值链的改造，从而降低生产成本和交易费用。

2. 不可能完全替代传统营销

消费是一种行为，不仅仅是单纯的商业活动。网络也不能完全满足人们的“眼见为实”的心理，目前网络营销还有许多无法解决的问题，某些误区还存在着。

四、网络营销发展概况

（一）我国网络营销发展现状

随着我国市场经济发展，互联网络逐渐普及，网络购物已融入人们日常生活。网络营销也经历了一定的发展时间，对于我国企业而言，网络营销从陌生到熟悉，是一个巨大的市场，还有待开发与挖掘。我国网络营销潜力巨大，但是大多数企业还处于初步的认识阶段，对于网络营销仍缺乏深刻的认知，更谈不上充分对其加以利用。我国企业对于网络营销缺乏需求，相关的人才与资金也相对匮乏。在企业具体业务领域层面，网络营销的涉及面较窄，网络营销业务比重小。虽然快递业发展飞快，不少快递企业纷纷上市，旨在做大做强，然而网络营销所需的配套物流资源仍相对匮乏，物流是一个短板，成为网络营销一个主要的发展瓶颈。

（二）网络发展带来的新变化

网络发展带来了诸多变化，尤其对市场与营销理念的影响颇深。网络带来的主要变化如下所示：

1. 时空观念的重组和电子时空观

（1）两种不同时空观并存。赖以生活和工作的工业化社会顺序，有精确的物理时空观；信息需求建立在网络化社会可变性，没有物理距离的时空观。这两种不同的时空观出现并存状态。

（2）营销范围突破原商品销售范围和群体，地理位置半径划出的销售区域被突破，借助于交通便利化条件出现了新的营销模式。

（3）商品订货没有了地点和统一时间概念。

（4）消费者主动上网搜寻商品信息，不再被动地接收。

2. 信息传播模式的变化

（1）出现了双向的信息传播模式，不再聚焦于传统的单向沟通，单向的如电视台、电台、报纸、杂志等。

（2）信息的双向性带来推拉互动的信息供求模式。个性化信息需求，如网上搜寻（pull）；信息源推出所有节目素材上网（push）。

（3）多媒体信息传播模式。除了电视台（视频）+电台（音频）+报纸杂志（文字）等传统传播方式，还集成网络互联、新媒体双向等传播方式。

3. 市场性质的变化

（1）生产商和消费者的直接网上交易，冲击传统以商业运作为主的市场模式。

（2）市场的多样化、个性化和时变化。

（3）市场细分的彻底化。从同质市场到市场细分再到利基市场（market niche）。

（4）商品流通和交易方式的改变。中间商地位弱化，实务操作无纸化，支付过程无现金化。

4. 消费者观念和行为的变化

（1）消费者从大众中分离。

（2）全方位的商品信息展示和多功能的商品信息检索，主动搜寻使其分离，有针对性的营销策略。

（3）消费者直接参与生产和商业流通循环。如生产者—商业机构—消费者，生产者—消费者。

（4）大范围的选择和理性的购买。宣传、欺骗、误导难以起作用，伪劣难存。消费者进行购物时更加理性，冲动性消费行为减少。

近些年，网络购物逐渐普及，其发展速度飞快，对诸多传统企业造成了很多且很深远的影响。总体上看，传统企业纷纷受到网络购物与网络营销的冲击，他们面临着营销战略、组织、方式的转变。

传统企业在企业经营方面，需要面临由市场导向转向顾客导向，同质市场转向异质的个性化市场。这些变化需要引起传统企业的高度重视，如果缺乏高度的重视，这些企业将面临残酷市场竞争的威胁。随着规模逐渐变大，传统企业更多追求规模效益，但是它们的经营观念仍停留在传统思维，面对网络市场的变化反应迟钝与缓慢，加之受技术因素制约，顾客个性化需求被忽视。

第三节　网络发展对品牌的影响

一、引发商业规则新变化

现在的互联网，已经远不再是传统互联网概念，社会生活的面目和商业规则都发生着新变化。谷歌 CEO 拉里 · 佩奇说："科技正在改写商业的方方面面。"理解商业规则的重构，即是读懂互联网的本质，"连接"即是其本质性变化。"连接"赋予了互联网用户权力和力量，由用户之间结成的网络是强大的。原本居于强势地位的企业变为了相对弱势的一方。互联网扩大了企业产业链，互联网发展至如今的移动互联网，能够随时随地分享传递信息。信息汇合无时无刻无处不在，从单一化到多元化。这样的变化导致消费者行为和企业运营模式出现巨大变化。互联网扩展了企业与顾客沟通的时间、地点和方式，使得沟通和购买可以在第一时间进行，彻底地改变了传统的商业规则和过程。优秀的品牌竞争优势只能是顺应新规则，创造新商业模式，产业新的竞争力的"连接"模式。滴滴打车创始之初，之所以烧钱给用户补贴，目的是"留住用户"，培养使用习惯、增加用户忠诚度、拓展价值链条是实现盈利关键。360 从免费杀毒做起，真正收入却主要来自浏览器和搜索引擎的流量分成和广告费用。

互联网营销引发顾客地位发生新变化。从传统传播学的角度来讲，受众是没有主动性的，受众只能被动接受企业灌输的信息，企业获得顾客反馈的成本往往是巨大的而且费时，多数传统企业持有"我生产什么，顾客买什么"的思维方式，顾客反馈机制没有发挥很好的作用。但是在互联网时代，获取顾客反馈变得简单、成本低和快速。获取顾客反馈，不仅可以使顾客得到重视，而且可以将获得的反馈数据进行及时分析，从而及时调整产品细节，生产出更加符合目标顾客需求的产品。互联网赋予顾客新的变化，顾客可以表达自己的喜好，而且只需移动手指便可轻松地选择将业务移至别处。互联网经济的产生，可以说真正意义上实现了"以顾客为中心"的理念。乔布斯曾说过，"知道自己想要什么并不是消费者的任务"。这说明企业要真正洞察用户，不能只是停留在消费者调研、反馈数据等方面，而是要研究出"消费者想要，但自己却不真正确知的东西"。例如，戴尔的车间看起来与同行差别不大，但他们却能在几个小时之内为顾客定做电脑。这一切的实现源于互联网生产与顾客紧密相连。

以顾客为中心的互联网营销方式导致企业竞争模式产生新变化。互联网改变了传统企业的信息传播垄断性。互联网的无限制商品排列，使顾客可以在互联网上选择成千上万的产品，根据自己的喜好选择其中任何想要的产品。这一过程中，品牌成为了顾客选择的理由，顾客还可以和品牌实时互动沟通，反馈想法和信息。

互联网信息传播的繁多和快速特性，给企业带来竞争压力和生存危机，互联网信息传播速度非常迅速，任何引起网民注意的信息都会在瞬间传播，舆论的力量不可估量，很多企业的成败，依赖于舆论的倾向，关乎企业能否在互联网获得一席之地。

二、为企业塑造品牌带来新机会

传统产业中企业要塑造品牌需要规模、资金和渠道三驾马车，互联网企业则用少量资金就可以在互联网平台上以小博大。互联网代表的是一种全新的思想，需要企业用不同的角度、不同的思维来看待自身的商业模式、理念、管理、组织、产品、市场，看待正在变化的用户。风起云涌的互联网浪潮对传统企业冲击有多大，从许多实例就可见一斑。如唱片公司倒闭，手机音乐却如日中天。电视大亨们拼得你死我活的时候，生意却被土豆网、优酷、爱奇艺等抢去。当诺基亚 CEO 约玛·奥利拉同意微软收购时说："我们并没有做错什么，但不知为什么，我们输了。"并不是做错，只是没有跟上时代步伐。

Netscape 创始人、硅谷投资人马克·安德森说过"软件正在吞噬整个世界"，今天的任何品牌构建和成长都要面临互联网的全面解构。互联网模式在不断颠覆传统，彻底改变着传统的产业形态和组织模式。几年前被迫关闭 600 多家门店的星巴克在互联网的"拯救"下重获新生。互联网改变商业，一切皆被重新定义，信息技术将很多过去毫不相干的人和物广泛地链接起来，重新赋予新的定义，是时代改变的核心。

互联网飞速发展，新技术应运而生。物联网、大数据、社交网络、移动互联、3D 打印、可穿戴产品、地图实景、云计算等新技术的崛起，支持全方位地展示企业产品的外观、性能、工艺、细节、品质结构、生产过程甚至用户的使用体验等。互联网改变传统交流方式，改变传统产品信息推送成本巨大的模式。产品的推广迎来新时代，GE 董事长杰夫·伊梅尔特说："互联网已经改变了我们利用信息和沟通的方式，如今，互联网还能做更多事情。通过智能机器间的连接并最终将人机连接，结合软件和大数据分析，我们可以突破物理和材料科学的限制，改变世界的运行方式。"互联网时代的消费者，注重产品的细节描述。互联网上的产品，靠一张宣传图片或视频是行不通的，消费者要看很多关于产品的文字和各种细节的描述，消费者会花时间来了解自己感兴趣的产品，从而对比选择购买产品。

互联网加快了品牌形成的时间，一个传统品牌的形成需要很长的时间，少则数十年多则上百年。杜邦公司、三菱集团、可口可乐、迪士尼、麦当劳、六必居、同仁堂药业等世界知名的企业历经上百年的时间，经过了无数次大浪淘沙的优胜劣汰，终成为品牌。过去，传统企业的规模优势、品牌优势，给后起的企业筑起了一道极难逾越的门槛。漫长的生命周期让品牌价值得以自然积累。互联网时代，产品的生命周期早已进入“快进”的年代，对很多企业来说，由产品积累到品牌的时间短到几乎没有。企业可以凭借个性化的产品横空出世，无需漫长的积累等待。饿了么、唯品会、1 号店等互联网品牌的快速成功就是例证。个性化的产品，是企业形成互联网品牌的成功关键。阿里巴巴集团用了 15 年成为中国互联网第一品牌。Google 这个互联网的商业奇迹，仅仅用了 10 年，从一个小不点成长为一个帝国。苹果公司成立至今不到 40 年，成为 21 世纪最成功的品牌。

三、加剧品牌分化和差异

互联网的发展，在内部颠覆和外部颠覆的催化下，新变革击溃竞争对手，造就了新的产业领头羊。品牌竞争将呈现两极分化和分散化的局面：一极是在品牌影响力上具有垄断优势的领先品牌，这些品牌主导整个市场的发展走向，控制着大多数消费群体；另一极是小众和分众品牌，这些品牌形成不同的社群圈子，占有较少的市场份额。苹果打败索尼随身听，百年书店鲍德斯破产，亚马逊收购《华盛顿邮报》，互联网的催化将加剧，大部分行业的龙头易主，行业分化，品牌间的差距会越来越大。

人类的品牌文明本质上就是一部差异化的历史。无论是苹果、耐克还是哈雷，它们在品类中有一个明确的差异化定位，并且成为某个字眼代名词。每一次差异化，都创造了造就领导品牌的机会。顾客为主导的互联网营销方式，必然造成顾客在互联网上对比选择产品。互联网产品或是传统行业的产品，产品日渐趋同化的市场环境中，一些产品除品牌名称不一样，功能、性能、外观、细节都十分类似。让用户眼花缭乱、审美疲劳以后，人们对商品内在的需求势必成为消费购买的主要理由。差异化创新产品会从同质化产品中脱颖而出，如西少爷的肉夹馍、黄太吉煎饼、叫个鸭子等的成功就是很好的例子。

四、促进品牌全球化贸易

互联网独特的属性，使世界变“小”了，互联网和技术的不断发展，使整个世界被重新连接，原本被分割的时间、空间、事件，全部重新定义，回到同一轴，即：世界是平的。整个商业文明向新的方向演进。今天的时代是个互相连接的时代，是连接整个地球的时代。很多传统观念发生着根本的变化。过去商业模式以地点聚合，思考重点是卖到“哪里”和卖给“谁”。现在互联网时代则不同，消费者的可选项没有界限，商业模式的思考重点不在于“哪里”，而是在于品牌“是什么”和用户“是否爱”。互联网时代，交易空间和时间规律被打破，交易范围扩大，潜在顾客群体扩大了数倍，每一个互联网品牌都有机会成为全球性的品牌。这些年来，亚马逊的大多数销售额来自美国以外的客户；美国著名奢侈网购网站 Net-a-porter，其客户散布全球各地，网站的界面可以选择多种语言，客服人员也可以用多国语言与客户沟通；互联网游戏《魔兽世界》在全球拥有一千多万名付费玩家，每年收入高达15亿美元；中国西南偏远大山中的侗族村民通过互联网，可以把生产的优质茶叶、民族刺绣、手工银制品和油料产品销售到地球的另一边，商家和客户甚至不需要见面和沟通。

☞ 关键术语

网络购物生命周期　　　　网络营销

☞ 思考题

1. 简述网络购物发展生命周期具体表征。
2. 何为网络营销？互联网给营销带来哪些新问题？
3. 试对比分析网络营销与传统营销。
4. 试论述网络发展给我国营销活动带来哪些新变化。
5. 试论述网络发展对品牌造成哪些影响。

第4章　网络品牌系统及品牌架构

【学习目标】

掌握网络品牌概念及特点
掌握品牌系统及品牌层次
掌握驱动角色与担保角色
掌握网络品牌架构
掌握延伸品牌范围
了解网络品牌架构审核
掌握网络品牌架构类型

【章节纲要】

本章主要分四节介绍网络品牌系统及品牌架构相关知识。第一节主要介绍网络品牌概念相关知识；第二节主要介绍品牌系统相关内容；第三节主要介绍品牌角色相关内容；第四节主要介绍网络品牌架构相关内容。

第一节　网络品牌概念

一、网络品牌发展背景

传统工业化时代，品牌打造由品牌驱动，是通过渠道单向传播至消费者的。具体表现在产品开发中，只能通过抽样调研预测大众需求；产品生产时通常运用大规模生产工艺，生产标准品满足大众需求；营销通过大规模、高成本的单向广告传播模式；而销售通过分销网络和加盟商，利用零售空间进行销售服务。这种模式是低效率和高能耗的，造成品牌和消费者间的供需不匹配、信息不对称，也造成“渠道为王”带来高成本的渠道投入。

互联网时代的新一代消费者，更希望通过消费获得参与感、成就感和精神归属感。他们一方面积极主动地参与评论，并浏览其他消费者的反馈。据艾瑞咨询公布的一份网络调研显示，超过70%的消费者在网购后有留言或评分习惯，而高达90%的消费在购买前会阅读评论。另一方面区别于线下，消费者的购买过程不再是匿名和不可溯的。网络将他们的研究、浏览、点击、评论、选择和购买全过程一一记录，并且可以追踪到消费者跨品类、时间以及平台的购物全程行为，描绘出每个个体消费者的全景，提供更深层次而个性化的消费者洞察机会。

依据互联网而建立的网络品牌虽然处于萌芽阶段，稚嫩且不成熟，但它的产生不仅彻底改变了传统的市场营销模式，而且为品牌经营和品牌资产管理提出了一系列新的课题。

20 世纪 90 年代，中国市场营销迎来了网络品牌时代。媒体分化无情地结束了昔日风光无限的电视广告的辉煌时代，与这一时代相对应的是网络品牌的诞生，即基于互联网技术而推出的网络门户。虽然中国网络门户刚刚起步，远不像传统品牌那样历史久、知名度高，具有广泛的忠实客户，但它对中国品牌市场营销的进程具有里程碑的意义。

网络品牌成为投资未来的一张牌。一开始建立网络品牌就是资产投入。因为基于网络而建立的品牌不依靠实际业绩而取得回报，而是通过投资市场聚集财富的。这一财富积累的方式完全打破了以往工业时代必须凭借实业或股市长期积累的模式，品牌成为迅速积累资本的手段，它借助了互联网经济重新进行了定义，它不再仅仅对企业和消费者有意义，现实的承诺变为长远投资的期待。某种程度上，网络品牌在网络上提供的服务几乎是免费的，用户使用和获得品牌的服务不再付费，这一点就从根本上区别于传统意义上的品牌存在的价值。网络品牌完全打破了传统品牌特别是产品品牌建立的模式。

二、网络品牌的解读

（一）网络品牌的定义

网络品牌主要指企业注册的商标在互联网上的一一对应注册。它是企业的无形资产。广义的网络品牌是指一个企业、个人或者组织在网络上建立的一切美好产品或者服务在人们心目中树立的形象。狭义的网络品牌是指一个企业、个人或组织用于网络宣传、销售而建立的互联网商标。

网络商标是指公司名称、产品或者线下品牌在互联网上的延伸和保护。线下商标、品牌词注册后，受商标法的保护，但是超过一定范畴，商标法无法进行约束和保护的，如果企业或者公司想在互联网上发展和营销使用，需要在互联网中心登记注册网络品牌，保证线下品牌在互联网上的安全使用。做到全网保护，也就是对公司网络知识产权的全面保护，避免网络品牌流失。线下和线上都需要保护，同时网络品牌具有有唯一性、稀缺性、权威性，保护了网络品牌，也就是避免了品牌的重复性。

网络品牌有两个方面的含义：一是通过互联网手段建立起来的品牌，二是互联网对网下既有品牌的影响。两者对品牌建设和推广的方式和侧重点有所不同，但目标是一致的，都是为了企业整体形象的创建和提升。

（二）网络品牌的特点

1. 综合效果

网络营销的各个环节都与网络品牌有直接或间接的关系，因此，可以认为网络品牌建设和维护存在于网络营销的各个环节，从网站策划、网站建设到网站推广、顾客关系和在线销售，无不与网络品牌相关。即网络品牌是网络营销综合效果的体现，如网络广告策略、搜索引擎营销、供求信息发布等各种网络营销方法均对网络品牌产生影响。

2. PR 值

PR 全称为 PageRank，是 Google 搜索排名算法中的一个组成部分，级别从 1 级到 10 级，10 级为满分。PR 值越高说明该网页在搜索排名中的地位越重要，对应的网络品牌也就更有影响力和普及率。

3. 价值

网络品牌的价值也就意味着企业与互联网用户之间建立起来的和谐关系。网络品牌是建立用户忠诚的一种手段，因此对于顾客关系有效的网络营销方法对网络品牌营造同样是有效的。如集中了相同品牌爱好者的网络社区，在一些大型企业如化妆品、保健品、汽车行业、航空公司等比较常见，网站的电子刊物、会员通讯等也是创建网络品牌的有效方法。所以，价值只有通过网络用户才能体现出来。

4. 信息和服务

Google 是最成功的网络品牌之一，当我们想到 Google 这个品牌时，头脑中的印象不仅是那个非常简单的网站面，更主要的是它在搜索方面的优异表现，Google 可以给我们带来满意的搜索效果。所以说网络品牌体现了为用户提供的信息和服务，可见有价值的信息和服务才是网络品牌的核心内容。与网站推广、信息发布、在线调研等网络营销活动不同，网络品牌建设不是通过一次活动就可以完成的，不能指望获得立竿见影的效果。从这个角度也可以说明，网络营销是一项长期的营销策略，用一些短期目标对网络营销效果进行评价并不能全面衡量。

5. 个性化

网络品牌生存的唯一性在服务范畴的表现就是信息服务的个性化，或者说是网络门户的个性化。它要求企业必须将全部资源集中在某一专业领域，同时，为了保持这种唯一性的市场定位，还必须具备源源不断的资金保障，否则，个性化的服务定位就无法实现。因为网络门户是投资未来，网络品牌要成为行业里的第一，不仅仅取决于其独特的定位，还依赖资金的投入。网络经济的自然法则就是资源的集中与社会分工的高度专业化，只有顺应了这一法则的网络门户才能得以生存。传统品牌延伸的策略在这里受到了极大的挑战，如果认识不到网络品牌的这一特殊变化，建立网络门户就有可能重走传统品牌的老路。

第二节　关于品牌系统

大多数品牌还仅仅是单一的符号，分别代表不同的产品、服务或企业，如米勒代表一种特定的啤酒，立顿代表一种袋装速泡茶，凯迪拉克代表某种汽车等。

现在的情况已大不相同，大众市场碎片化造就了多种消费者细分市场，他们纷纷要求不同的品牌形象。如购买联想笔记本时，商务人士要比普通用户更多希望笔记本能够更适合于办公需求。企业会将品牌延伸至与现有产品名有明确关系的领域，很多企业的品牌组织让人迷惑，各品牌之间的关系错综复杂。

这样做的结果是，很多企业都在疲于应付不同情境下不同的品牌形象，以满足不同细分市场顾客的不同要求。在同一企业内部，产品和品牌的扩散既要引起我们的关注，同时也提出了挑战。在什么情况下使用另一个品牌是可行的？一系列不同的品牌同时存在于细分市场上时，如何获得协同效应？如何规避相互重叠的品牌互相削弱？如何减少造成混乱的因素？品牌复杂性意味着同一品牌有时要扮演不同的角色，这些角色需要很好地协调。现有的品牌与未来品牌、子品牌、战略品牌之间需要很好地协调，而这是一件很棘手的工作。

一、品牌系统的目标

在复杂的环境中管理众多品牌有一个要点，就是既要把它们作为一个独立品牌来考虑，又要把它们看做一个品牌系统中的成员，在这个系统内它们必须相互支持。一个品牌系统可以作为新产品或新品牌的发布平台，也可以作为系统内所有品牌的基础。但是，为了这个系统能够茁壮成长，系统内的品牌之间必须有一个关系的准则，它们必须像系统支持它们那样去支持整个系统。

从品牌系统的角度看问题还有助于资源的分配，因为这个角度让我们明确一个品牌在产生自己的价值主张的同时，也在通过协助其他品牌创造价值。因此，系统的观点也提出了一个新问题，即某一品牌的投资是否能给整个品牌系统带来好处？

整个品牌系统的目标与单个品牌形象的目标是有本质区别的。品牌系统的目标包括以下几种。

1. 寻找共性以产生协同效应

一组品牌虽然可能会因品牌名称或部分品牌名称而产生联系，但代表着不同的产品或市场，因而具有各自的品牌形象。这种情况带来的挑战就是要寻找众多品牌的共性，以便增强品牌的协同效应，这种协同的表现形式要么是增强整体的影响力，要么是精简执行的费用或过程。

2. 减少对品牌形象的损害

不同情境中不同的品牌形象和角色有可能会削弱某一品牌。因此管理品牌系统的另一个挑战就是尽量避免产生这种不利的后果。

3. 产品的条理性

品牌系统的目的还应包括降低产品过多所造成的混乱，做到清晰条理。

4. 促进变化和调整

所有的品牌都要根据外部力量的变化而做出改变或调整。品牌系统有助于管理这一过程，使得改变及时而有效。

5. 分配资源

每一种品牌角色都需要一定的资源。品牌投资决策常常基于与这一品牌相关业务的孤立分析，而忽略了这一决策对系统内其他品牌的影响，另外，对品牌未来的角色也考虑得不够充分。

二、品牌层次

系统内的品牌通常可以很自然地划分为几个层次，如表 4-1 所示。各层次的品牌在整个系统中扮演着不同的角色，某一层次的品牌通常会与其他层次的品牌有着重要的联系。

表 4-1　**品牌层次**

公司品牌	通用汽车	雀巢	惠普
系列品牌	雪佛兰	三花	HP Jet Brand
产品线品牌	雪佛兰卢米娜	三花速溶早餐	LaserJet IV
子品牌	Sports Coupe	瑞士巧克力	LaserJet IV SE
品牌化的零配件/服务	好扳手先生服务系统	纽特糖	分辨率增强技术

在品牌层次的最上端是公司品牌，它定义了产品或服务背后的公司。例如，通用汽车的公司品牌代表了生产通用汽车的组织，包括人员、规划、系统、价值及文化，雀巢与惠普也都代表了公司。

系列品牌代表的是涵盖几种产品类别的品牌，如通用汽车、雀巢、惠普这样的公司品牌本身就是系列品牌。另一方面，通用雪佛兰品牌涵盖的产品系列包括厢式车、卡车和轿车；雀巢三花品牌涵盖了速溶早餐、炼乳及婴儿奶粉等产品；惠普的 Jet 系列品牌则涵盖了 DestJet、LaserJet、OfficeJet、FaxJet 以及 DesignJet。

系列品牌下面如果还存在品牌的话，就是产品线品牌。这些品牌代表了公司的特定产品，如雪佛兰卢米娜、三花速溶早餐以及惠普 LaserJet IV。这些品牌还可以通过子品牌进一步细化，例如 LaserJet IV SE、三花速溶早餐之瑞士巧克力以及雪佛兰卢米娜的 Sports Coupe。如果产品过多，还可以通过第二层和第三层的子品牌继续细化。

最后，品牌还可以根据零部件及服务品牌进一步加以描述。例如，雪佛兰提供好扳手先生服务系统，三花应用了纽特糖，LaserJet 具有分辨率增强技术服务。

第三节　理解品牌角色

一、驱动角色

驱动品牌是指能够促进消费者做出购买决策的品牌，它所代表的正是消费者通过购买想要得到的。扮演驱动角色的品牌所体现的正是与消费者购买决策及使用体验密切相关的价值主张。以吉列的 Sensor 剃须刀为例，消费者购买的是一种以 Sensor 命名的技术和功能。因此，Sensor 就成为一种驱动品牌，它的名称和符号需要具有强有力的形象，在包装和货架上醒目易见，并给消费者留下深刻的印象。再比如说，品食乐的微波爆米花，公司名称（Pillsbury）是驱动品牌，因为它代表着产品的价值主张（品食乐公司提供高质量的微波食品），而微波爆米花只是一个通用的描述。相反，相对于通用磨坊的 PopSecret，PopSecret 是驱动品牌，因为它代表着产品（一种性能卓越的秘密配方）的主要价值主张，而通用磨坊仅仅起着担保作用。再比如，宝马 700 系列或雷克萨斯 300 系列，对于大多数消费者来说，宝马和雷克萨斯是驱动品牌，因为他们购买的是由宝马或雷克萨斯所体现的价值，而不是某种具体车型所传递的价值。

品牌在多大程度上发挥着驱动品牌的作用，既影响该品牌所需要的投资，也影响到该品牌的形象的本质。如果发挥着驱动品牌作用的品牌没有引起消费者的反响，就说明该品牌没能很好地履行自己的角色职能。

二、担保角色

担保品牌的角色是为驱动品牌的承诺提供支持和信誉保证。由于公司品牌通常代表的是一个拥有员工、文化、价值观和规划的组织，因此非常适合用于支持驱动品牌，也常常扮演担保者的角色。如通用磨坊是 Cheerios 的担保品牌，吉列是 Sensor 的担保品牌，惠普是 LaserJet 系列打印机的担保品牌。这些担保品牌的主要作用是让消费者相信他们购买的产品能够传递品牌所承诺的功能利益，因为这些品牌背后的公司经营良好、实力雄厚，这些公司只和强大的产品联系在一起。担保品牌可能在某些领域具有特殊的信誉，如小型发动机领域的本田；有的则具有保护伞效应，如通用电气。

对于新产品或未经测试的产品来说，这种担保尤为重要。实际上，一些担保品牌在提供最初的支持之后，其影响有时会逐渐淡化。尽管如此，担保品牌仍然可能在品牌的生命周期中发挥作用。当竞争品牌开始挑战 Sensor 时，作为担保品牌的吉列便出来提供信誉保证了。消费者正在考虑是否继续使用 Sensor 还是转换品牌时，吉列品牌所提供的额外信誉就起到了至关重要的作用。但即便如此，Sensor 作为驱动品牌，在争取和保持消费者方面仍然必须发挥着主要作用。

如果一个品牌既代表了产品的价值主张，又代表了组织提供的支持，就会同时集驱动品牌与担保品牌双重角色于一身。例如，对于惠普数字电压表这一测试仪器，惠普（作为组织）扮演了担保品牌的角色，惠普（作为产品）扮演了驱动品牌的角色；对于通用电气喷气发动机来说，通用电气既是驱动品牌（作为产品），又是担保品牌（作为组织）。

第四节　网络品牌架构

一、网络品牌架构

网络品牌架构是一种工具。利用这种工具，品牌团队可以进行整体运作，从而使各品牌协同一致，界限分明，并发挥作用。如果把各个品牌看做是足球运动员，那么品牌识别和传播方案就是使每个球员发挥得更出色的技巧和实战练习。与此同时，网络品牌架构起到了教练的作用，他负责把球员安排在合适的位置上，使其成为一支协同作战的团队，而非一群乌合之众。

网络品牌所处环境变得日益复杂，比如市场细分多元化、品牌延伸、大批产品、各种类型的竞争对手、错综复杂的分销渠道、更大规模使用背书品牌或子品牌等。此时，品牌框架显得格外重要。面对日益激烈的竞争压力，清晰的网络品牌架构必不可少。

(一) 何为网络品牌架构

网络品牌架构是指网络品牌组合的组织结构，这一结构用来明确组合中各品牌的角色和各品牌之间的关系（如苏宁易购与红孩子），以及不同的产品-市场环境（如淘宝网、天猫商城、天猫国际、聚划算）。网络品牌架构由五个维度决定，如图 4-1 所示，即：品牌组合、品牌组合角色、产品-市场环境角色、品牌组合结构以及品牌组合图标。

1. 品牌组合

品牌组合是指附于产品-市场出售物的所有品牌和子品牌，包括与其他公司合作的品牌。当存在多个品牌时，要分辨出所有这些品牌和子品牌有时并不容易，因为其中有的品牌很模糊，甚至是隐匿的。

品牌组合的构成是品牌架构的基本参数之一。品牌组合有时能够通过添加某些品牌而得到强化，但这必须由具备组合视角的人或团队来决策和执行。如果品牌管

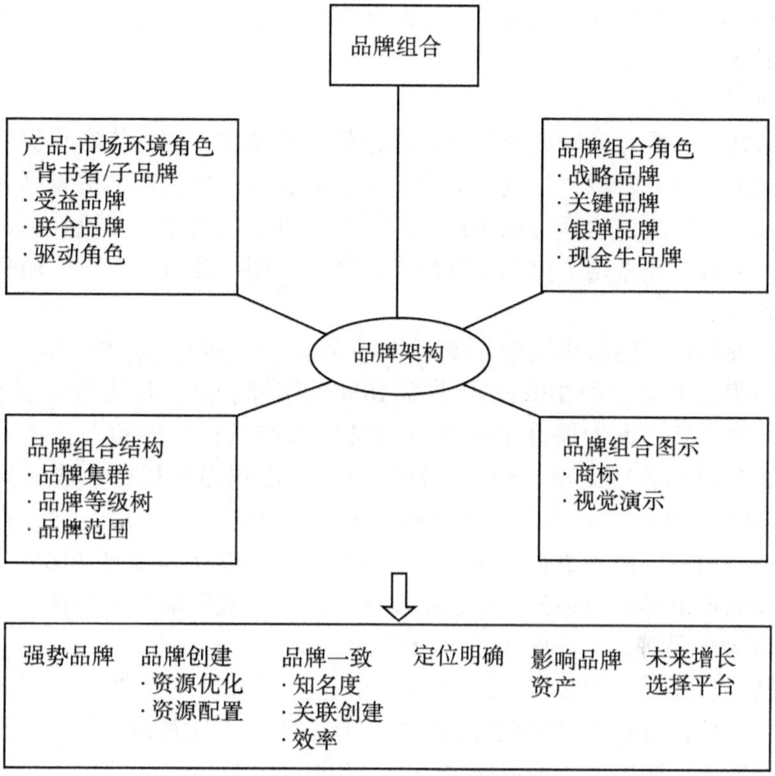

图 4-1 品牌架构

理团队权力分散，且缺少品牌整体意识或没有兴趣关心品牌整体，那么随意增加品牌反而会破坏品牌的整体运作。

有时还要考虑是否应该删掉一些品牌。每个品牌都需要品牌创建资源的支撑，如果品牌数量过多，或许资源就不足以支撑它们。更糟糕的是，这样一来多余的品牌本身就会带来混乱，这需要通过删减品牌组合来加以解决。这个过程无疑是痛苦的。

2. 品牌组合角色

将品牌视为个人或组织所拥有的个体资产会致使资源匹配不合理，无法建立和利用品牌间的协同效应。品牌组合是一种更系统地观察问题的工具，它包括战略品牌、关键品牌、银弹品牌和现金牛品牌。这里品牌的角色可以是相互重叠的，一个品牌可以同时是关键品牌和银弹品牌，也可以从战略品牌发展为现金牛品牌。

（1）战略品牌。

战略品牌可以预示公司未来的销售和盈利水平，它目前也许只是一个正在计划维持或扩大现有地位的主导品牌，或许是一个正谋划成为未来大品牌的当前小品牌。如 Slates 是李维斯的战略品牌，它为李维斯在商务或休闲男士宽松裤市场上的地位奠定了基础。

（2）关键品牌。

关键品牌是主要业务领域或公司未来愿景的撬动点，它是使客户保持忠诚度的基础，会对某一业务领域产生直接影响。全季酒店是华住集团的关键品牌，因为它体现了未来华住集团在酒店行业中控制关键细分市场的能力。无论什么原因，如果竞争对手的类似业务占据了市场主导地位，华住集团可能就会处于战略劣势。

（3）银弹品牌。

银弹品牌是指正面影响其他品牌形象的品牌或子品牌，它是创造、改变或维持品牌形象的强大力量。如 ThinkPad 曾是 IBM 的银弹产品，作为 IBM 的创新产品，在其走上正轨之后，大大提升了公众对 IBM 的品牌认识。事实上，ThinkPad 的销售额只占 IBM 总销售额的很小份额，这使得这种影响力显得更加非比寻常。一旦将诸如 ThinkPad 这样的品牌或子品牌确定为银弹品牌，从逻辑上讲，品牌传播战略和预算就不能仅仅依靠负责该品牌的业务经理，其母品牌集团（IBM）也应参与其中，比如确定银弹品牌在公司传播活动中的定位，或争取其传播预算等。

（4）现金牛品牌。

战略品牌、关键品牌和银弹品牌都必须进行投入和有效管理，这样才能完成其战略使命。相反，现金牛品牌拥有雄厚的客户基础，不像其他组织品牌那样需要大量投入。即使销售额停滞不前或缓慢下降，现金牛品牌的产品或服务仍有忠诚可信的客户会对该品牌不离不弃。现金牛品牌的作用就是创造富裕资源，用以投入到战略品牌、关键品牌或银弹品牌中，这是品牌组合未来增长和活力的基础。

现金牛品牌的例子是妮维雅润肤霜，它是妮维雅最初的产品，目前这一品牌已扩展到各类护肤品和相关产品。平衡的品牌组合需要现金牛品牌为前景光明但目前却稚嫩的战略品牌、关键品牌和银弹品牌提供资源。

3. 产品-市场环境角色

若干品牌结合起来对特定产品-市场环境中出售的商品特征进行描述。比如装有北极星系统的卡迪拉克 · 塞维尔是具体的商品，卡迪拉克是起驱动作用的主品牌，塞维尔是起子品牌的作用，北极星则起到品牌基本要素的作用；大众的斯柯达明锐系列汽车，明锐是具体商品，斯柯达是主品牌，大众是起背书人作用的。产品-市场环境下的四种角色共同定出某一特定商品：背书人/子品牌角色、受益品牌角色、联合品牌和驱动角色。

（1）背书人和子品牌角色。

主品牌是商品的主要指标和参照点。为了确定特定的商品，背书人和一个或多个子品牌可以强化主品牌。背书品牌是已确立的品牌，能为商品提供信誉保证和实质内容，而子品牌则可以修订主品牌在特定环境下的关联。每个相关品牌都可以在单独环境下使用，但它们只有整合在一起才能赋予特定商品以意义。理解并使用背书品牌和子品牌是实现品质组合清晰界定、协同效应和平衡的关键。

（2）受益品牌。

受益品牌是能够加强品牌商品的某种品牌化特性、产品要素或服务。以下举例说明。

①品牌化的特征：

Ziploc 三明治书包：ColorLoc 拉链。

锐步：3D UltraLite 鞋底设计。

立顿茶：即饮包。

露华浓：不易褪色唇膏。

②品牌化的产品组成或要素：

联想：Intel Inside。

惠普：柯达加色。

可口可乐：Nutrasweet。

Cheer：高级护色。

美的抽油烟机：自清洗。

③品牌化服务：

美国运通公司：往返旅行。

西门子：质量保证。

UPS：私人邮件。

海南航空：机场免费餐厅。

当品牌能够真正为产品或服务注入一些东西时，品牌带来的利益是巨大的。通常这些东西与品牌承诺相关，它有助于实现品牌的功能性利益。它还可以起到背书人的作用，为商品提供信誉保证。

一直以来，品牌化利益始终促进着品牌的发展，尤其是那些新品牌或刚建立不久的品牌。研究表明，消费者愿意花更多的钱购买具有品牌化元素的服饰，尽管他们并不知道这种品牌元素能起到什么作用。Intel Inside 就是一个经典的品牌化组成要素实例，一直以来它带来的溢价都是巨大的。

其他研究表明，除非品牌化组成要素所依附的品牌已经具有非常有冲击力的形象，否则品牌化组成要素可以增加品牌价值。

通过借用群体公司已有的品牌化利益，品牌可以获得既有的资产和信誉。这些借用的利益具有更大潜力，因为它们可以体现出商品的差异化，从而获得竞争优势。尽管这些特征、组成要素或服务最终会被他人模仿。

品牌化利益可以起到银弹品牌的作用，帮助传播其品牌理念。受益品牌不一定需要传播方案的支持才能建立知名度和传达特定意义，它本身就能产生知名度和特定意义，特别是当品牌名称就能描述其内涵时更是如此。

（3）联合品牌。

当不同组织的品牌联合起来提供同一种商品或服务，并且每个品牌在其中都能发挥驱动作用时，联合品牌的情形就出现了。联合品牌可以是组成成分或要素品牌，也可以是背书人，还可以是由多个主品牌构成的复合品牌。

联合品牌的风险与收益并存。好的一面是联合品牌下提供的产品或服务可获得两个或多个品牌资产，从而增强品牌的价值取向和差异性。以福特探索中的 Eddie Bauer Edition 汽车为例，这是汽车行业中用了 15 年建立起的联合品牌。由于 Eddie Bauer 原本是代表着高品质的户外活动服装品牌，其使用者是具有不同品位和风格的户外活动热爱者，与其共用品牌，使得福特探索者汽车不仅让人感受到车内皮质面料的时尚、高品质和舒适，还反映了使用者的生活方式。

如果每个品牌的关联性很强而且互补，联合品牌的影响力就会比预期的更大。柯达进行的一项调查表明，对于一种虚拟娱乐设备，20%的受访者愿意购买标有柯达品牌的这种产品，另外 20%的人愿意购买标有索尼品牌的这种商品，而有 80%的人愿意购买同时带有这两个品牌商标的产品。这意味着此种结合代表了一种任何一方都无法单独具备的优势，联合品牌的协同效益可以使其更自由地延伸。

实行联合品牌不仅能够加强联合品牌下的商品或服务，还能加强两个品牌的关联。如福特探索者 Eddie Bauer Edition 汽车的广告和宣传方式增加了福特探索者和 Eddie Bauer 的知名度，并加强了两个品牌的关联。事实上，这种联合品牌的汽车分别是这两个品牌的高端、优质且时尚的银弹品牌。此外，联合品牌不应破坏任何一个品牌的关联。如果人们对某种高端品牌品质和地位的认知度高于其结盟品牌，那么就会存在较大的风险。

成功实施联合品牌策略的关键在于找到伙伴品牌，通过互补的关联增强商品和服务。这要求公司积极开展系统的调研，以寻求最适合的对象，而非仅仅评估摆在面前的候选者。比如，现在比较弱的关联有哪些，哪个品牌具有这样的关联，产品和围绕该产品进行的品牌创建活动如何影响联合品牌下的商品或服务，两个品牌所拥有的资源是否因为联合而得到平衡的分配，两个品牌各自如何收益，将如何适应它们现有的商业模式，等等。

联合品牌策略和其他企业间的结盟活动一样都是有风险的，要从长远看该策略能否为两家企业带来可观收益。如果一个合作伙伴对收益不满或者觉得该策略在战略上不可行，它也许会退缩。更糟糕的是，有时其虽然能够坚持下来，但对合作却可能已经失去了兴趣。而且当牵涉两个不同的组织时，策略的制定和执行会更复杂，进而会导致品牌建设质量低劣和企业关系紧张。当然，只要获得品牌使用许可权，再由一个品牌主控，就可以在很大程度上规避这种风险。

（4）驱动角色。

驱动角色反映了品牌在多大程度上能推动购买决策并影响使用体验。能起到驱动作用的品牌具有一定的客户忠诚度，如果买不到该品牌产品，顾客会感到不安。设计品牌架构时要选择一组起主要驱动作用的品牌，它们是品牌创建工作的重点。设计品牌架构还需要理解产品-市场环境下每个品牌的驱动职责，如保时捷 Carrera Cabriolet 的各品牌驱动责任互不相同。

一项业务可能会有上百种品牌，但通常仅有一部分承担着主要驱动角色。无论是单独品牌还是品牌群组，这些品牌都是企业需要重点管理的对象。因为对于驱动品牌的管理，如果一着不慎就会满盘皆输。因此，企业在规划品牌架构时需要仔细考虑该品牌群组的构成。哪些品牌从总体上控制着与顾客的关系，是否应放弃或淡化某些品牌，是否应增加或提升某些品牌，有些品牌是否应延伸。

驱动品牌通常是主品牌或子品牌，但背书品牌、品牌化利益也可以起到一定的驱动作用。事实上，当涉及多个品牌时，每个品牌的驱动作用可以介于 0~100%。品牌架构在精练驱动品牌方面的能力是灵活且强大的。

子品牌角色多种多样。一些子品牌并没有驱动功能，它们只是描述性的品牌；还有一些品牌有一定的驱动功能；一些品牌则起到主要驱动作用。使品牌具有驱动是很重要的，因为它对于建立品牌资产有直接意义。驱动型品牌需要重点管理，但如果品牌的驱动作用有限，那么就不应配置太多品牌创建资源，也无需重点管理。

4. 品牌组合结构

同一组合中的各品牌之间是相互关联的。品牌组合结构有何内在逻辑，它是让客户清楚明白还是使他们混乱模糊，内在逻辑是否促进了协调和平衡，是否使企业井然有序、目标明确、方向清晰，或者以此为指导做出的特定决策会导致战略偏离、品牌混乱吗？接下来，有三种方法可以用来讨论和展现组合结构，即：品牌集群、品牌层级树和品牌范围。

（1）品牌集群。

品牌集群是具有共同特征品牌的逻辑组合。以拉尔夫·劳伦为例，旗下品牌是根据 4 个特征集群的：

区隔：男装或女装。

产品：衣服或家庭用品。

品质：成衣设计到高级时装。

设计：古典或现代。

这些特征构成了品牌组合的内在逻辑，推动品牌组合的长远发展。拉尔夫·劳伦品牌的前三个归类特征区隔、产品和品质，也经常出现在许多其他品牌组合中，这是因为它们是决定产品-市场结构的要素。如旅馆业是根据市场区隔（Courtyard 侧重于商务旅行，Fairfield Inn 专注于休闲旅游）、产品（万豪 Residence Inns 可逗留多日，在万豪只提供单日逗留）和品质（豪华的万豪和经济的万豪 Fairfield Inn）来划分的。根据这些基本的产品-市场划分法归类的组合品牌更容易为消费者所理解。

另外两个有用的归类变量是分销渠道和应用范围。欧莱雅在百货商店和精品店销售兰蔻和碧欧泉品牌，而在药店和折扣店中销售欧莱雅和美宝莲，在美容院中则销售包括 Redken 的另一套产品。耐克有一套品牌是根据其在个人体育活动（篮球、足球、慢跑等）中的用途来归类的。

（2）品牌层级树。

品牌结构的逻辑可以通过品牌层级树（或品牌家族树）来体现。层级树结构看起来就像组织结构图，有横向和纵向两个维度。横向维度反映品牌范围，即该品牌涵盖的子品牌和背书品牌。纵向维度体现进入单一产品市场所需要的品牌和子品牌数量。高露洁口腔护理品牌的层级树见图 4-2，显示了高露洁品牌包括的牙膏、牙刷、牙线和其他口腔清洁产品。这张图还显示了高露洁 Plus 有两个不同的子品牌，其产品和牙刷形状有关。

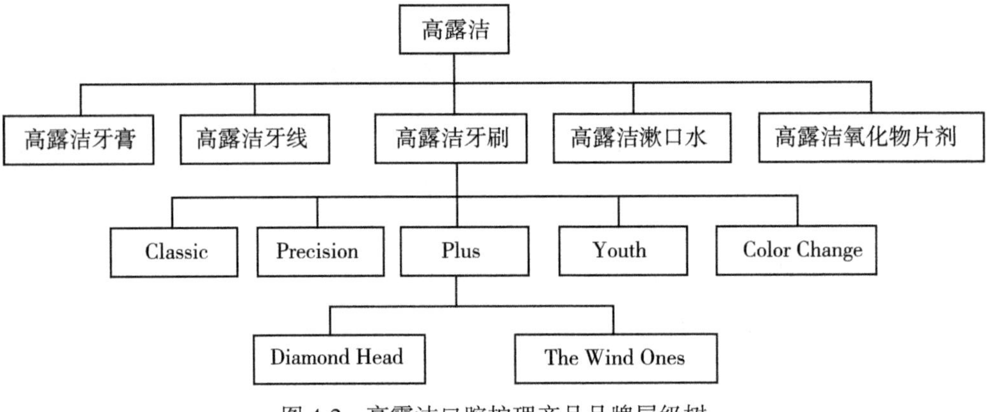

图 4-2　高露洁口腔护理产品品牌层级树

一家企业如果拥有多个品牌，每个品牌就需要一张树形图；事实上，也许还需要一座森林。比如，高露洁拥有 3 个牙膏品牌（高露洁、Ultrabite 和 Viadent）以及其他十几个主要品牌，如 Mennon、舒肤佳、棕榄、Irish Spring 和 Skin Bracer 等。再如图 4-3，为丰田的树形结构。此外，如果有些树形图太大，无法在一页纸上呈现，必须分解为几个主干。如高露洁口腔护理产品很难用一张树形图表示出来，因此可以考虑单独形成以牙膏为主干的品牌树形图。

品牌层级树为评估品牌架构提供了观察视角。首先，在考虑到市场环境和支持性品牌的背景下，品牌是过多还是过少，品牌在哪些方面需要加强，新品牌可以在

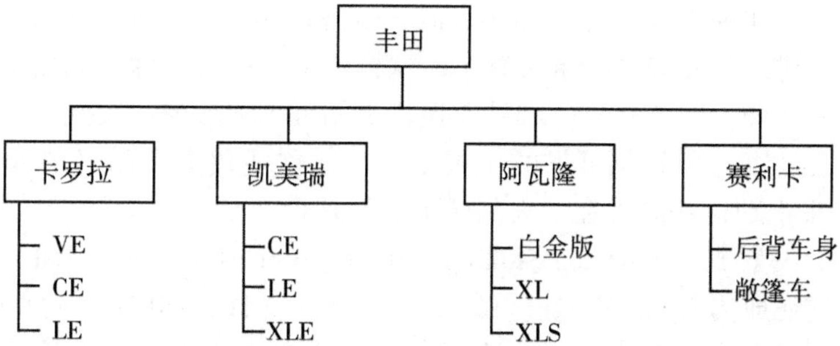

图 4-3 丰田品牌层级树

哪些方面增强市场影响力；其次，品牌体系是否清晰并符合逻辑，抑或是混乱特殊的，如果不清晰，要怎么样修正才合适。

成功的品牌架构使客户和组织内部人员都十分清楚商品和服务的范围。子品牌之间符合逻辑的层级结构有助于达到以上目标。如果每个子品牌都指向同一特征，那么这样的结构看起来就是符合逻辑的。如果一个子品牌代表技术，另一个代表细分市场，还有一个代表产品类型，那么这种品牌架构的逻辑性就是缺失的，清晰度也会打折扣。

根据逻辑性和清晰度来界定组合品牌的方法有很多。如可以按以下特性来界定子品牌：

产品家族：欧莱雅 Plenitude（护肤）和 Preference（染发）品牌。

技术：惠普 LaserJet、InkJet 和 SeanJet 打印机。

品质定位或价值定位：Visa 经典卡、金卡、白金卡和签名卡。

产品利益：王子的 Thunder（注重力量）和 Precision（注重准确度）网球拍。

细分市场：Lee Pipes（10 岁或 10 多岁青少年的前卫服饰），Dungarees（适合 10 多岁或 20 多岁的复古或古朴风格的服装），固定的 Lee（适合一般顾客的经典牛仔）和休闲装（适合成年女性）。

（3）品牌范围。

品牌架构中的一个关键问题是组合品牌的范围，尤其是背书品牌和驱动品牌的范围。它们跨市场和跨产品能够水平延伸多远？垂直延伸到高端市场或价值领域又能延伸到多深？背书品牌和子品牌如何扩大品牌影响力，又如何保护受影响品牌的关联？

启用背书品牌有两点原因。首先，为接受背书的品牌提供信誉和关联；其次，增加背书人知名度。这两点原因促使卡夫在 1997 年改变其背书品牌战略。

一直到 20 世纪 90 年代后期，卡夫一直是奶酪、烧烤调料、沙拉酱、蛋黄酱的主品牌，是 Philadelphia、Cracker Barrel 以及 Velveeta 奶酪的背书人。此外，卡夫品牌组合包括十几种独立品牌（如 Minute Rice 和 Post），这些独立品牌分散了卡夫创建的资源。对这些品牌进行卡夫背书，这样的决策是为了深度利用卡夫品名。作为该战略的一部分，这些独立品牌被改造得更贴近卡夫形象：美国家庭每日便捷早餐解决方案，健康、顾家及可靠的卡夫个性。此项强化卡夫品名的大型项目耗资 5000 万美元来推动这些品牌在卡夫品名下进行整合。

于是，卡夫变成了 Stovetop Stuffing、Minute Rice 和 Shake & Bake 强大的背书人。此外，它还成为 Oscar Mayer、Tombstone、Post、Maxwell House、Breyer's、Cool Whip 进而 Jell-O 等的象征背书人。有趣的是，所有这些品牌都是全美每日所需产品，并没有从卡夫延伸太多。有些品牌如 Digiorno 比萨和 Bull's Eye 烧烤调料被留下来作为独立品牌，这样做大部分是因为它们定位为高端品牌，部分是因为其副品牌 Tombstone 比萨和卡夫烧烤调料被认为是更接近卡夫的核心识别。其结果就是卡夫品牌和子品牌家族更具凝聚力，它们可以在跨品牌项目和促销中更有效地产生协同效应。

组合中的每个品牌都有其范围，它们跨越产品类别或具备这种潜质，其中的基本问题是目前品牌已经扩展到何种程度，将来应该扩展到什么程度。分析这些问题时，组织应该区别作为背书人角色的品牌和起主品牌作用的品牌，并认识到子品牌和联合品牌在平衡品牌时的关键作用。

描述品牌范围可以采用多种形式。以卡夫为例，表 4-2 详细描述了卡夫作为主品牌、强势背书人和象征背书人三个角色时的范围。其中，品牌识别强调了品牌范围内在逻辑的形式和质量，同时该表还列出品牌面临的问题和机遇。

表 4-2　**卡夫的品牌范围**

<table>
<tr><th>品牌</th><th>品牌识别</th><th>产品范围</th><th>事件</th></tr>
<tr><td>卡夫为主品牌带有驱动功能</td><td rowspan="3">美国家庭每日方便可口早餐的解决方案。个性：健康、可靠</td><td>奶酪，蛋黄酱，烧烤调料，沙拉酱</td><td>在非脂类调料市场以及高端市场存在不足</td></tr>
<tr><td>卡夫为强势背书人</td><td>Stovetop Stuffing，Minute Rice，Shake & Bake</td><td>卡夫作为背书人如何影响卡夫品牌</td></tr>
<tr><td>卡夫为象征背书人</td><td>Oscar Mayer，Tombstone，Post，Maxwell House，Breyer's，Cool Whip，Jell-O</td><td>卡夫的背书是帮助还是损害了商品和服务</td></tr>
</table>

表 4-2 背后的概念是要间接地展现每个品牌作为背书人或驱动角色的范围。通

过这张表上的信息，企业可以知道品牌目前是延伸过度还是影响力不够。延伸过度的品牌会产生合适与否的问题或产生错误的关联。相反，如果品牌本该在市场上起作用但缺席，这就是影响力不够的表现。

5. 品牌组合图标

组合图标是跨品牌和跨市场环境下的视觉显示模式。通常，最显眼的中心品牌图标是商标，它能在不同的市场环境下体现品牌的不同角色。基本的商标元素、色彩、布局和字体可以各有不同，但都可以体现品牌、市场环境及与其他品牌的关系。组合图标还可以体现为其他视觉形式，如包装、符号、产品设计、印刷广告的布局、广告语，甚至是品牌的外观给人的感觉，所有这些都可以传达品牌组合中各种关系的信息。

组合图标的一个作用就是显示各组品牌的相对驱动作用。同一商标或标志上两个品牌字体的相对大小和位置反映了它们的相对重要性和驱动作用。比如，仔细看看拉尔夫和 Polo 运动装各自的商标，就会发现拉尔夫·劳伦的大小和位置清楚地显示其中有拉尔夫的强势背书，这种背书在 Polo 运动装中则要弱得多。从视觉上讲，万豪对 Courtyard 的背书比其对低端 Fairfield Inn 的背书更大更醒目。ThinkPad 品名的字体比 IBM 小，这一事实告诉顾客 IBM 是该产品的主要驱动者。

组合图标的另一作用是区隔两个品牌或市场环境。以 John Deere 割草机为例，颜色和产品设计在区分评价产品（John Deere Sabre）与经典高端产品系列上起到了关键作用。由于 Sabre 产品系列将黄色从客户熟悉的 John Deere 色系中去除，客户从而获得强烈的视觉信号，即他们并非在购买 John Deere 的高端产品。同时，该产品从视觉上也很不同，它缺少了母品牌 John Deere 系列产品的质感。为了区隔家用产品和其他产品，惠普采用了不同的颜色（紫色和黄色）、独特的包装（印有人像，而商业客户的白色包装上则没有）以及不同的广告语（探索各种可能）。

组合图标还有一个作用就是指示品牌组合结构；颜色和共同商标或部分商标的使用可以说明品牌的归属类别。比如，美极的颜色和包装设计为其主品牌提供了对子品牌的强大影响力，显示出它们归属于同一群主，具有共同的品牌关联。

（二）网络品牌架构的目标

1. 打造高效强势品牌

强势品牌的基本要求是能与客户产生共鸣，能形成市场差异性，并对客户具有吸引力。新的品牌或子品牌能增加或提升品牌关联性，从而通常能帮助强势品牌达到这一目标，尽管同时也增加了现有品牌架构的成本和复杂性。如果不以建立强势品牌作为品牌架构目标的话，是不利于企业自身发展的。

2. 配置品牌创建资源

如果每个品牌仅仅根据盈利情况分配资源，那么目前销售平平但却潜力巨大的品牌就得不到合理的资源配置，关键品牌或银弹品牌也无法获得足够的资源以发挥其在品牌组合中的作用。制定最佳资源配置方案，关键的第一步就是确定能够起到组织作用的品牌。

3. 产生协同效应

精心打造的品牌架构应该能够产生协同效应。特别是在不同的环境中使用品牌应该能加强品牌知名度，产生并强化品牌关联，减少成本（一部分是通过品牌传播活动中的规模经济效应）。在不同环境和角色中相互冲突的品牌识别可能会导致冲突，这也是品牌架构应该避免的。

4. 实现商品清晰化

品牌体系应使商品清晰化，这种清晰不仅仅指对顾客，也针对员工和合作伙伴(零售商、广告商、公关公司等)。强势品牌向员工和合作伙伴所展现的是清晰的品牌个性。

5. 充分使用品牌资产

未能被充分挖掘使用的品牌是尚未被开发利用的资产。挖掘品牌意味着充分利用品牌，增加其在核心市场的影响力，并将其扩展到新的产品市场。品牌架构的任务之一就是为把握品牌延伸机遇提供结构和原则。当然品牌延伸会产生风险，这一点需要给予关注。品牌垂直延伸尤其敏感，因为往往是最底层品牌决定品牌延伸的成败。

6. 为将来发展空间提供平台

品牌架构应着眼于未来，支持新产品市场上的战略拓展。这或许意味着要建立一个具有巨大发展潜力的主品牌，尽管基于目前的市场表现备选品牌可能还不怎么被看好。

很多重要问题都围绕网络品牌架构的这五个维度展开。网络品牌架构还有另一个关键问题，即品牌范围，接下来将对其进行阐述。

二、延伸品牌范围

一个核心的战略性网络品牌架构问题涉及每个品牌的范围。延伸有助于实现品牌架构的两大目标，即：充分利用品牌资产，提高品牌在不同环境下的知名度；通过制造关联，产生协同效应。然而，如果对品牌延伸考虑不周就会稀释品牌关联，从而削弱品牌，模糊品牌商品。

（一）品牌是否存在平衡延伸的机会

品牌驱动作用的延伸范围有多大？答案很简单，品牌只能延伸于匹配的领域、可增值的领域以及用于增强其资产新关联的领域。通过市场调研可以对这三个标准逐一研究。

1. 匹配

客户必须对新环境下的品牌保持满意。品牌匹配的基础有多种，包括产品关联、产品成分、产品特质、产品应用、使用者形象、专门技能或设计者形象。

不管采用怎样的关联，都应该让客户感到满意而非不和谐。此类问题可以通过转换视角来化解，是否存在上述的反作用关联，将直接关系到是否应该对该品牌进行延伸。

然而，这种决策规则也并非一成不变。一两次适度延伸可使原先的延伸扩展变得更为可行，也更符合要求。成功的延伸能帮助改善品牌感知，反过来也有助于品牌适应不同的市场环境。维珍最初是一家音乐公司，后来将其品牌延伸到航空领域，这并不是好的匹配。但其航空公司大获成功之后，该匹配命题便彻底改变。维珍品牌变得更具个性：它是一匹黑马，充满活力，桀骜不驯，但致力于提供高品质服务。该品牌可以应用于多个领域。

如果品牌与产品类别紧密联系，其延伸潜力就会受限制。因此，即使坎贝尔汤的品名有很多正向关联，但当该品牌偏离汤类产品时其表现并不很好。这种情况下，具有讽刺性的是，越是强势品牌越难以延伸。相反，在无形关联方面拥有良好信誉的品牌，如健康饮食（Healthy Choice）、服饰（拉尔夫·劳伦）更容易延伸到新的商品类别中，因为这些无形关联可以在各种不同环境中发挥作用。

扩大市场影响力的秘诀在于将品牌由专注产品本身转向深化客户关系。美极原先是一家生产汤类和食物调料的企业，它原本非常专注于产品。当企业转型为让烹饪充满乐趣的伙伴和朋友时，其品牌形象和延伸能力也随之得到拓宽。

与品牌之间侧重于情感维系的消费者，对品牌延伸的看法往往比侧重于功能维系的消费者更为负面。对于 VISA 将品牌延伸到支付领域外的行为，只把 VISA 卡作为有效支付手段（功能性关系）的客户比那些将 VISA 视为基于信息技术的全球性品牌的客户反应更加负面。

2. 增值

不管品牌如何延伸，它都应有助于旗下商品和服务。因此，像坎贝尔等品牌进入新市场时，品名本身就能清楚明白地向客户表明该品牌优于其他品牌的信息。在这种情况下，品牌关联就是相关的、可靠的、为客户所重视的。

品牌不应提供不受客户欢迎的关联，从而削弱或损害旗下商品和服务。因此，土星和 GM 的关系在宣传中只是轻描淡写地处理，因为它会削弱土星品牌，至少在土星刚上市时是这样的。如果将坎贝尔用于意大利食品系列的主品牌或者背书品牌，那么人们就会觉得这些产品尝起来感觉像汤一样。

3. 强化品牌资产

品牌延伸到新领域，品牌资产也应随之加强，这不仅因为加强了品牌知名度，也因其所产生的新品牌关联。比如，维珍可乐挑战可口可乐的疯狂计划强化了维珍充满活力的黑马精神，这正是维珍品牌的精髓所在。

（二）关于垂直拓展

品牌向下延伸，可以进入巨大且发展迅速的价值市场；或者向上延伸，可以享受高端市场的产品活力和利润。无论向上延伸还是向下延伸都有不小的诱惑。品牌垂直延伸过程极其微妙，因为其中不仅涉及客户的认知品质，而且还需要考虑子品牌和背书品牌的使用。因此，较为安全的做法是将品牌商品保持在稳定的品质水平上。

很多品牌在向高端市场拓展时，既缺乏信誉也缺少名气。一般品牌如果向上拓展成功进入高端市场，其本质上也只是一般品牌。这些向上拓展品牌的定位不应追求成为最好，而是优于目前定位即可。向上拓展应基于功能优势或者是产品改良，而非名气。此外，新商品和服务通常在视觉上有所不同，并使用子品牌或背书品牌将其与主品牌区分开来。

相反，价值市场则更容易进入，就像汽车盘山一样，下山容易上山难。然而，进入价值市场通常会给品牌名声和客户带来巨大风险，因为现有的客户会被更便宜的商品和服务所吸引。高端品牌的价值承诺可能缺失信誉，部分原因在于竞争者通常的反应也是进一步降低价格。柯达趣味时光是一种低价胶卷产品，它所吸引的主要是柯达的忠实消费者，而非它一贯瞄准的价值型消费者。成功向下延伸的品牌，如华住集团的汉庭客栈，往往可以与定位于特定细分市场的产品进行清楚区分，而且通常作为背书品牌进入价值市场。

三、网络品牌架构审核

（一）网络品牌架构审核工具

网络品牌架构审核提供了一套系统的方法，用以审查当前品牌架构，发现需要进一步分析的问题和应对策略。以下列举的一些问题，为审查工作提供了框架和步骤。每个问题都具有潜在的重要性，能启发针对问题的进一步思考和变革。但是这并非包括所有的问题，随着审查工作的开展，还会出现其他相关问题，对这些问题的思考也是有益的。

1. 业务分析

品牌产品组合中，当前和潜在的销售、利润和增长是怎么样的？

有什么样的战略举措？

从当前和今后的财务以及战略上看，有哪些重要的业务？

从当前和今后的财务以及战略上看，有哪些重要的细分市场？

2. 品牌框架

（1）品牌组合：

确定组合中的品牌及子品牌。

（2）品牌组合角色：

哪些品牌是战略品牌（即未来能带来巨大利润的品牌）？

是否有（或者应该有）影响重要业务领域的关键品牌？

哪些品牌或者子品牌起到（或应该起到）银弹品牌的作用？是否需要增加银弹品牌？

目前战略品牌、关键品牌和银弹品牌是否有支撑？是否为重点管理的对象？

怎样的品牌应该起到现金牛的作用？对它现在的资源配置是否合理？

（3）产品-市场内容角色：

确定品牌和子品牌的实质性驱动责任。它们有多少资本？与客户的关联有多强？哪些品牌需要重点管理，开展品牌创建？

确定子品牌，在驱动者-描述型子品牌图谱上对其进行定位。基于以上定位，对这些品牌配置的资源和管理是否合理？

作为背书人，现有背书人品牌是否增值？是否偏离主品牌？其识别是否适用于其角色？作为背书人，在哪些环境下其作用是否削弱或者无法发挥？是否应该增加或者更加强调背书人的信息？

确定联合品牌。联合品牌是否经过精心策划？是否应该考虑新的联合品牌？什么类型的伙伴能强化该品牌？

确定品牌化成本、特征和服务。其功能应加强还是削弱？

是否需要对其他成分、特征和服务进行包装，打上品牌烙印？

（4）品牌组合结构：

用以下一种或多种方法描述品牌组合结构：

——使用逻辑性主题词，如细分市场、产品类型、应用或渠道等，来描述一个品牌集群。

——描绘所有的品牌层级树。

——确定产品/市场范围和所有主要驱动者品牌和背书人品牌的可能边界。

评估品牌组合结构，审核其结构是否清晰，目标是否明确，方向是否准确，或者结构是否杂乱，决策是否混乱，以及战略是否发生偏移。

当前环境下，是否应弃用现有品牌，是加强还是削弱其影响力？是否应该创建新的驱动品牌或子品牌？

有些品牌是否过度延伸？其形象是否正在遭受损害？

对驱动品牌和子品牌的影响是否恰当？品牌可能进行怎样的水平延伸？品牌是否存在垂直延伸的潜力？

（5）品牌组合图标：

列出品牌图标，包括商标和宣传材料。这些图标是否清晰、协调，具有逻辑性或者混乱冲突？每个品牌的相对重要性是否显示在图标上？图标是否具有视觉冲击力？

跨组合品牌的图标是否支持组合机构？是否支持其环境角色？是否支持其品牌识别？

（6）管理品牌架构：

在组合中添加品牌或子品牌有怎样的程序？采用怎样的标准？

是否定期对品牌架构进行审查？

谁负责品牌图标管理？品牌图标管理有怎样的程序？

（二）业务分析方法

在审查品牌架构的五维度之前，审核的第一阶段需要确定公司的业务范围，并就其对公司的重要性进行评估。有两个方面的业务分析对品牌架构审核至关重要，其一是对当前和计划中的业务领域进行评估，其二是理解市场细分策略。

多数品牌架构的核心问题是评估哪些业务领域对组织财务的意义最重大。品牌架构的关键问题之一是制订战略品牌、关键品牌和驱动品牌的规划，因此了解每个业务领域的潜力是非常重要的。该领域商业前景如何？可采取哪些关键的战略举措？从竞争的角度如何界定市场？目前的市场结构如何，该结构会怎样发展？各种细分市场的相对吸引力何在？

因为细分策略需要以品牌组合结构来支撑，所以理解市场细分和细分策略也同样重要。要建立品牌组合结构，就必须确定细分变量、最重要的细分市场，这些细分市场上客户未被满足的需求，以及如何将品牌与这些需求相联系。

（三）品牌架构分析

1. 品牌组合

完成业务分析后，审核工作便进入编制现有品牌、子品牌的品牌架构目录阶段。此时需要确定品牌组合中哪些待选品牌需要删除。

2. 品牌组合角色

确定品牌组合中的战略品牌、关键品牌、现金牛品牌或者银弹品牌。战略品牌、关键品牌和银弹品牌是否配置了所需资源，还是资源严重短缺？这些品牌是否成功，对它们配置的资源是否反映了其作用的重要性？对现金牛品牌配置的资源是否合适，抑或因其当前的销售和利润水平而获得了过多的支持？是否每个品牌在组合中都应占据一席？特别的，是否需要额外增加银弹品牌帮助解决品牌形象问题？

3. 产品-市场环境角色

应该审核背书品牌、子品牌、品牌化利益、联合品牌和驱动品牌。何为驱动品牌？是否获得了足够的支持？背书品牌是起到增值作用还是阻碍作用？是否有品牌起到背书人的作用？子品牌是否有足够的贡献使其获得所需资源？当前品牌化利益是否得到充分开发？是否需要更多的品牌化利益？与其他组织共建的联合品牌合作关系是否起到作用？

4. 品牌组合结构

品牌组合结构审核，开始的问题是品牌组合是否具有逻辑结构，可以成为品牌集群、层级树或者品牌范围规格？品牌组合是否井然有序、目标明确、方向清晰？品牌组合是否需要削弱？有些品牌是否过度延伸，另外一些是否影响力不足，还有一些是否应该再做延伸？

5. 品牌组合图标

分析品牌组合图标最好的方法是对所有环境下品牌的外观进行视觉汇总，这可能需要用一面很大的墙。跨组合的品牌视觉外观是清晰还是混乱？是否支持组合结构？是否支持环境角色？是否支持品牌识别？对以上问题如果出现否定的回答，就意味着需要设计图标体系，也可能意味着图标管理失控，因此应该检查管理系统。

（四）管理品牌架构

必须要有一套能正常运转的程序和组织机构，用来创建、检查并改良品牌架构。必须定期进行品牌架构审核，发现其中的问题。另外，在考虑推出新产品或进行收购时，也需对品牌组合的所有部分进行审核。事实上，企业通过收购将新品牌引入品牌组合中的时候，几乎总会引发严重的架构问题。

对于品牌架构审核中发现的问题要尽快分析，并制定行动方案。例如，如果品牌架构混乱，应找出导致混乱的架构要素（如品牌数量、子品牌水平），并制定应对方案。

品牌架构管理还包括建立沟通机制，向企业内部影响品牌架构的决策者传播品牌架构，特别需要传播品牌的视觉外观。然而，安排专人监管商标使用情况并不意味着就是在管理品牌架构了，还需要关注品牌的使用方式：怎样的产品延伸是目前正在考虑的？有什么新市场？新商品或服务如何品牌化？品牌架构包括品牌视觉外观，但又远远不止这些。

四、网络品牌架构类型

（一）共享式网络品牌架构

共享式品牌结构指的是多种类型的产品共同使用一个品牌名称的方式。由于共享式的品牌在各种产品上均烙上了统一的企业或文化背景，因此有利于新的产品类别共享已经建立市场影响力的产品和品牌形象资产，节省导入期的营销成本和缩短导入期的时间长度。

共享式品牌延伸不太适宜行业跨度较大的延伸，一方面可能品牌资产共享价值很小，另一方面还可能给消费者造成品牌身份和角色混淆的不利状况出现。

共享式的品牌延伸一般不太适宜向比已经建立品牌影响力的行业所处发展阶段更靠前的行业进行延伸。因为，在发展较为成熟的行业，品牌对市场的覆盖面通常更广一些，而滞后一些的行业通常品牌影响范围比较窄。从影响范围大的行业向影响范围小的行业延伸时，由于市场对于原有的品牌已经形成了比较固定的概念，因此对新的行业、产品信息的接受会比较困难，而且新的行业、产品信息的接受必然会挤掉一些原来的品牌信息，因此原有的品牌形象受到稀释，市场竞争力受到削弱。相反，如果从影响范围小的行业向影响范围大的行业延伸时，由于面对的市场有较大部分是以前较少接受过原品牌信息的新的消费者，而且发展较为靠前的行业通常比较为靠后的行业在品牌形象上更倾向于工业化、技术性方面的内涵，因此向靠后的行业延伸时，在品牌形象的塑造上就可以节省建立此类形象的时间和资源。比如，工业化工市场的营销发展阶段明显滞后于日用化工市场的营销发展阶段，如果从日用化工向工业化工延伸时，日用化工的品牌影响力对于工业化工品牌就不会有多少帮助。

(二) 独立式网络品牌架构

独立品牌一般与特定商品或商品的功能、属性等有很强的对应联想，或者是有很强的文化个性风格的品牌，这类品牌一般不宜进行品牌延伸。因为品牌延伸所赋予品牌的新的内涵很难让消费者认同，而且原来已经建立的品牌形象也会因为新的形象的“掺杂”而被消费者认为已经“贬值”，因此会给企业造成“赔了夫人又折兵”的悲剧。

(三) 母子式网络品牌架构

母品牌可以延伸出子品牌。它可延伸范围最广，限制也最小，不过一般也不宜进行跨行业的延伸。因为一般来说母品牌其实就是企业形象式品牌，它的主要对外功能就是为子品牌或副品牌提供信赖的背景形象。例如 P&G 宝洁这个企业品牌就为飘柔、潘婷、海飞丝、玉兰油等子品牌提供优质的品牌形象，而子品牌则重点塑造产品特点和品牌文化形象。母子式的品牌结构模式一般适用于较为传统和成熟，而产品质量又不太容易分辨的行业，以及较为大型和已经具有较高知名度的企业。

(四) 主副式网络品牌架构

主副式的品牌结构一般是为了区分具有一些不同功能、特点和级别的同类产品或不同的形象风格而采用的品牌结构模式。例如海尔—小王子、本田—雅阁、白沙—金世纪等就属于主副品牌模式。

(五) 多模式网络品牌架构

多模式品牌结构指的是上面所介绍的两种以上模式共同存在的品牌结构组合方式。

☞ 关键术语

网络品牌	品牌系统	品牌层次	驱动角色
担保角色	网络品牌架构	品牌组合	战略品牌
关键品牌	银弹品牌	现金牛品牌	背书品牌

受益品牌　　联合品牌　　品牌层级树　　品牌范围
共享式网络品牌架构　独立式网络品牌架构　母子式网络品牌架构

☞ 思考题

1. 何为网络品牌？网络品牌具有哪些特点？
2. 如何解读品牌系统？品牌系统的目标有哪些？
3. 举例说明，如何理解品牌层次？
4. 简述品牌的驱动角色与担保角色。
5. 试论述网络品牌架构主要内容。
6. 如何理解品牌组合结构？
7. 以某一品牌为例，绘制出其品牌层级树。
8. 简述构建网络品牌架构的主要目标。
9. 试论述网络品牌架构审核工作的具体内容。
10. 简述几种常见的网络品牌架构类型。

第 5 章　网络品牌形象与个性

【学习目标】

掌握网络品牌的内涵

掌握网络品牌形象陷阱

掌握网络品牌形象规划模型

掌握网络品牌形象研究视角

掌握网络品牌形象结构

掌握品牌个性

【章节纲要】

本章主要分五节介绍网络品牌形象与个性的相关知识。第一节主要介绍网络品牌形象相关知识；第二节主要解读网络品牌形象视角知识；第三节主要介绍网络品牌形象结构内容；第四节主要介绍网络品牌形象作用；第五节主要介绍品牌个性相关知识。

第一节　网络品牌形象

一个人的形象为其提供了前进方向、目标和存在的意义。试考虑以下问题的重要性：我的核心价值是什么？我代表什么？我希望别人怎么看我？我希望体现出何种人格特质？我生命中有哪些重要关系？

同样的，网络品牌形象也为网络品牌提供了方向、目标和存在意义。它是品牌战略愿景的核心内容，也驱动着品牌联想，是品牌资产的主要维度之一，是品牌的核心和灵魂。如，雀巢使用“品牌宪法”一词显示品牌形象有多重要。

一、网络品牌形象内涵

网络品牌形象是网络品牌战略制定者渴望创造并保持的一系列独特联想。这些联想意味着网络品牌代表的事物，表达了组织成员对消费者的承诺。

网络品牌形象通过创建包含功能利益、情感利益和自我表达利益的价值主张，帮助建立网络品牌与消费者的关系。

网络品牌形象由 4 个方面、12 个因素组成，即：作为产品的品牌（产品范围、产品属性、质量/价值、用途、使用者、来源国），作为组织的品牌（组织属性、本地还是全球），作为个体的品牌（品牌个性、品牌-消费者关系），作为符号的品牌（视觉形象/符号、品牌传统）。

网络品牌形象结构包括核心形象和延伸形象。核心形象处于品牌中心，是永恒不变的精髓，品牌进入新市场，推出新产品，它仍会保持不变。延伸形象包括品牌形象元素，它们组成相互联系、富有意义的集合，实现一定的特征和竞争力。

二、网络品牌形象陷阱

在构建网络品牌形象时，易出现一些狭隘的战术问题，这也是常见的四种形象陷阱，它们可能会导致品牌战略失效或功能混乱，如图 5-1 所示。通过对四种常见的形象陷阱进行审视，有助于我们能够深刻洞察网络品牌形象到底是什么，不是什么。在分析这些网络品牌形象陷阱之后，我们可以建立一种更广义的网络品牌形象概念，探讨它的范围和结构，并检验由此派生出的价值主张和信誉概念。

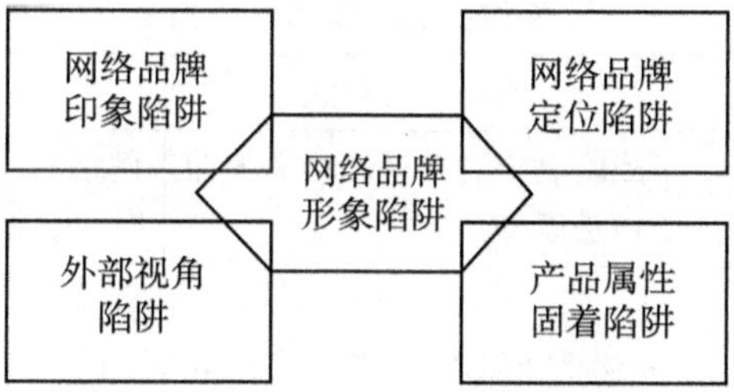

图 5-1 网络品牌形象陷阱

（一）网络品牌印象陷阱

对网络品牌形象（消费者及其他人如何感知网络品牌）的了解给网络品牌形象建设提供了有用甚至非常必要的背景信息。但在网络品牌印象陷阱中，由于缺乏耐心、资源或专业素质，网络品牌印象被当成了网络品牌形象，而不是需要考虑的一类输入信息。

当网络品牌印象明显是负面信息或不合时宜时，一般不会出现网络品牌印象陷阱。当消费者过去的经验或需求变动使得网络品牌印象稍有不健全时，把网络品牌印象当成网络品牌形象的陈述通常就不会遭到质疑。

网络品牌形象陷阱会导致一个潜在问题，就是让消费者来判决你是什么。简而言之，是一种过度的消费者导向。创建网络品牌形象并不只是要了解消费者说他们想要什么，网络品牌形象一定要反映网络品牌的灵魂和愿景，以及它希望实现的目标。

网络品牌印象常常是被动的、面向过去的，而网络品牌形象应该是主动的、面向未来的，应该反映网络品牌渴望拥有的联想。网络品牌印象倾向于战术层面，而品牌形象应该是战略层面，反映能够产生巨大优势的经营战略。网络品牌形象还应该反映网络品牌持久的品质，即使在网络品牌印象中这些品质可能并不突出。就像其他任何一种形象一样，网络品牌形象体现的是长久不变的基本特征。

网络品牌形象之于品牌战略，如同“战略意图”之于经营战略一样。战略意图包含了对获胜和真正创新的痴迷、现有战略扩展和前瞻性、能动性的视角，这与接受甚至反映过去战略是迥然不同的。类似的，网络品牌形象也不应接受现有的感知，而应积极考虑创造变革。

（二）网络品牌定位陷阱

网络品牌定位是网络品牌形象和价值主张的一部分，定位通常与目标受众积极地进行沟通，以显示相对于竞争品牌的优势。

网络品牌定位主导着当前的沟通计划，而且同更为宽泛的网络品牌形象结构区别开来。网络品牌形象的某些元素（如酒店的清洁度）并不一定会被积极地传递给消费者，而且其他要素（如产品类别联想）也会随着网络品牌的成熟而逐渐模糊。因此，在以下三个相关结构之间存在着明显差别，如表 5-1 所示。

表 5-1　**网络品牌形象相关结构**

网络品牌印象	网络品牌形象	网络品牌定位
当前网络品牌如何被感知	战略制定者希望网络品牌如何被感知	网络品牌形象和价值主张的一部分，通常向目标受众积极传播

受到为沟通计划人员提供目标这一实际需要的激励，对于网络品牌形象的探索往往会变成对网络品牌定位的探索，这时就会发生网络品牌定位陷阱。这种情况下目标就变成了广告口号，而非网络品牌形象。

这一陷阱会阻碍系统的网络品牌形象的形成，因为战略制定者不停地剔除那些他们认为不值得沟通的方面，聚焦于产品属性的趋势越来越明显，从而没有精力考虑网络品牌个性、组织联想，或者网络品牌标志，因为这些内容对于创造一条三个字的广告语没有帮助。

此外，一条精练的广告语不太可能为网络品牌建设活动提供很多帮助。品牌定位通常缺乏足够的韵味和深度，无法指导品牌建设活动。比如赞助什么事件，哪个包装更好，哪种陈列能够支持品牌等。对于品牌到底代表什么，需要有更为丰富、更为复杂的理解。

（三）外部视角陷阱

从许多网络品牌战略制定者的角度看，网络品牌形象能促使消费者出于自身对网络品牌的感知而购买产品或服务。这种导向完全是外部性的。

如果企业没有意识到网络品牌形象能够帮助组织理解其基本价值和目标，就会陷入外部视角的陷阱。因为一个有效的形象部分是基于规范性的行为，持续地诠释网络品牌的力量、价值和愿景。这一努力能够给内部人员提供一个交流渠道，认识品牌是什么。如果员工不理解、不认同品牌愿景，很难期望他们能让愿景得到实现。

在大多数组织中，员工一旦回答下列问题就会犯难——“你们的品牌代表什么?”，“获得10%的销售增长”这一极为典型的反馈会让人有些沮丧。在拥有品牌的企业里，那些动力十足、备受鼓舞的员工能够更快、更有理有据地回答这些问题，如花王公司的员工都明白花王品牌代表了创新和领导地位。员工的这些答案以及投入来自于强大的品牌形象。

(四) 产品属性固着陷阱

产品属性固着陷阱是最为常见的陷阱，如果陷入其中，对于品牌的战略战术管理就会仅仅聚焦于产品的属性。产品属性固着陷阱基于一个错误的假设，即那些产品属性是消费者决策和竞争动力的唯一相关基础，这种陷阱导出的战略通常不是最理想的，有时还会犯下破坏性的错误。

1. 网络品牌不仅仅是产品

如果无法清晰地了解产品与品牌的区别，就会容易陷入产品属性固着陷阱。以苹果为例，这是一个在智能手机行业中占据主导地位的优秀品牌。苹果将其品牌形象和品牌战略根基于产品属性，比如高质量、耐用、可靠和高价格。事实上，这一品牌也传达了购买和使用最佳产品的感觉，苹果就是对自己和他人表达他们价值观的一种方式。

理解苹果不仅是产品，对于定价、市场细分和传播战略具有重要的启示意义，其一就是苹果不必也不应该参与价格敏感市场的竞争。苹果的目标应该是找到那些对最佳产品感兴趣的消费者，采取相应措施，将苹果与最佳联系起来。

产品的特征包括范围（宝洁制造洗护产品）、属性（沃尔沃意味着安全）、质量/价值（卡夫制作高品质食品）和用途（IBM是为商务办公而生产的）。品牌不仅包含这些产品特征，同时还包括其他一些要素，主要有：（1）品牌使用者（普拉达）；（2）来源国（西门子采用德国工艺）；（3）组织联想（微软是一家创新性的公司）；（4）品牌个性（沃尔玛是一家平价零售品牌）；（5）标志（黄色M代表了麦当劳）；（6）品牌-消费者关系（捷威是一位朋友）；（7）情感利益（土星的使用者对驾驶美国汽车感到骄傲）；（8）自我表达利益（双立人的使用者只用最好的）。

2. 产品属性研究

产品属性固着陷阱部分是由于依赖产品属性调查而引起的。这种调查比较受欢迎，原因如下所示：

（1）通常很有效，因为属性对购买决策和使用体验都非常重要。

（2）相对比较容易，因为消费者更易于谈论属性，而不是无形利益

（3）能够让管理人员确信消费者采用合乎逻辑的模式评估品牌，这意味着他们的决策更易于预测和理解。

当企业有大量数据在手时，可能就会感觉测量消费者需求的工具已经做得很彻

底了，而实际上这一研究局限于一系列的产品属性。即使这些信息有权重，并且包含竞争者地位，也不大可能是完善的，有可能阻碍品牌实现其最大的潜力。在高科技产品、工业产品和耐用品领域，这一问题更为严重，因为这些领域的经理人特别偏爱理性的消费者模型。

3. 基于产品属性的形象局限

把产品属性作为品牌形象的基础会有很严重的局限。这些局限通常表现如下：

（1）难以差异化。

产品属性对消费者是非常重要的，但如果所有品牌在这方面的表现都非常充分，那么品牌就无法实现差异化。在酒店行业，干净总是被列为对消费者最重要的属性之一，因此，希尔顿酒店很自然会把干净作为其形象的一部分。但是，因为所有的酒店都认为应该是干净的，因此，它就不能成为一个差异点。

（2）易于模仿。

基于属性的利益点相对来说容易模仿。而依赖某关键属性优异表现的品牌最终会因此被击败，即便该品牌持续提升产品也难逃厄运，因为这些属性就是竞争对手的固定靶子。如果将焦点放在某种产品属性上，那么最终会被超越，即竞争者推出某种技术更卓越的产品。最终不仅难以实现差异化，甚至会出现更糟的后果，即在相关的产品属性上的定位走向衰弱。

（3）假设消费者是理性的。

产品属性研究以及相应的战略通常假设消费者遵循理性的决策模型。这一理性模式认为消费者会收集有关产品属性的信息，对之评估并找到相对重要的属性，然后做出推理判断。事实是消费者大多数环境下都会有误解、困惑、不耐烦，他们也不会或没有能力收集该类产品的客观信息并进行处理。很多消费者对于功能的关注比不上他们对风格、地位象征、保证和其他非功能利益的关注。

（4）限制品牌延伸战略。

尽管强大的产品属性联想可能成为品牌优势的源泉，但可能会限制品牌的延伸战略。亨氏意味着慢慢流淌的浓番茄酱，这种联想很可能会对其品牌延伸产品产生限制。建立在无形联想或品牌个性之上的形象能让品牌拥有更多的战略空间。

（5）降低战略灵活性。

产品属性联想降低了一个品牌对变化的市场环境作出反应的能力。如果品牌与某种单一的品牌属性联系在一起，当该属性带来的利益降低时，该品牌进行调整适应的能力就会受到限制。

三、网络品牌形象规划模型

上述四种形象陷阱显示了网络品牌形象如何变得局限与无效，尤其是当品牌的焦点过多地局限于产品属性、目前品牌印象、品牌定位和品牌影响消费者的外部作用。建立网络品牌形象的关键在于拓宽品牌的概念，将其他维度和视角考虑进来。

本书提出了网络品牌形象规划模型，如图 5-2 所示，该模型为网络品牌形象设计提供了很好的视野，有助于战略制定者规避形象陷阱。这一模型的核心是品牌形象系统，在模型中，品牌形象向消费者传递价值主张，或为其他品牌提供信誉保证。这一系统的最终目标是建立牢固的品牌-消费者关系。

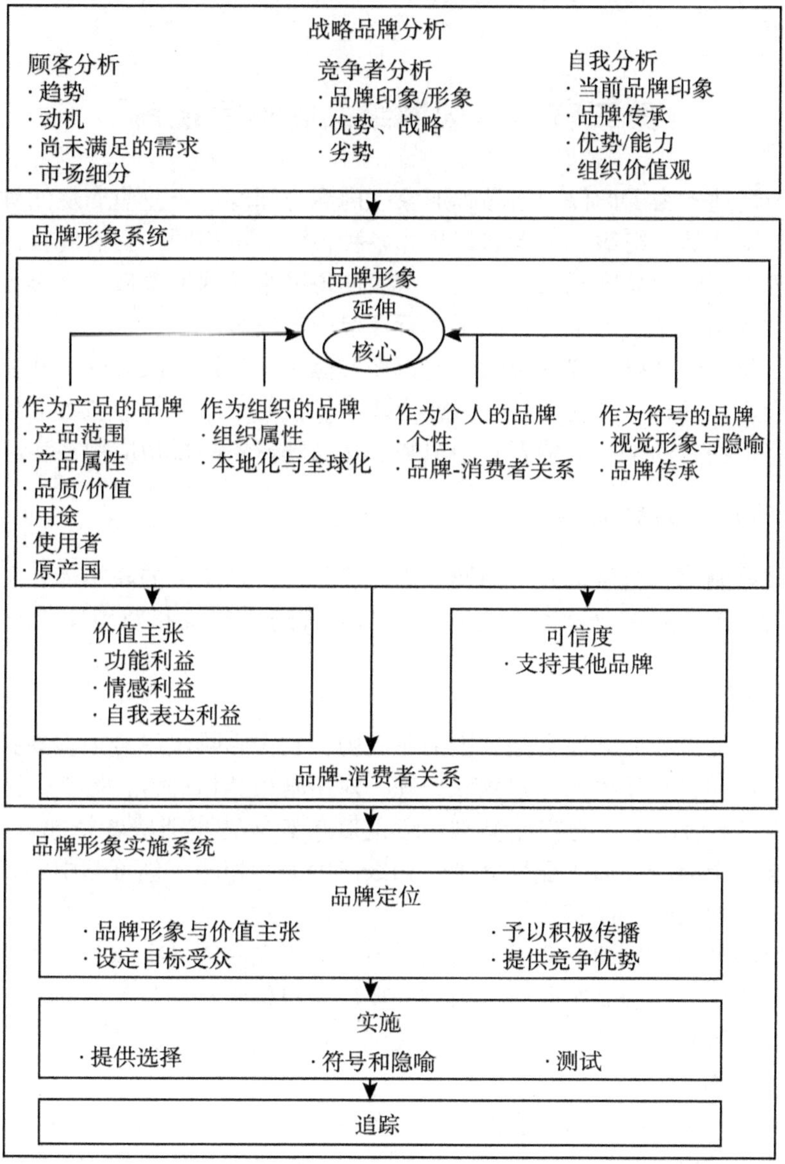

图 5-2　网络品牌形象规划模型

如模型所示，品牌形象并不完全从作为产品的品牌角度提出。其他三个角度（作为组织的品牌、作为个人的品牌和作为符号的品牌）能够加强对品牌差异化的理解，并未差异化建立基础。

该模型还纳入了另外两个主要内容，即战略品牌分析和品牌形象实施系统。实施系统包括品牌定位（从品牌形象和价值主张中提炼出的沟通目标）、执行和追踪系统。战略品牌分析包括对消费者、竞争者和自身的分析，从而为模型提供了必要的信息来源。

第二节　解读网络品牌形象视角

如上节所述，为了确保网络品牌形象有内涵与深度，企业应当从四种角度综合考虑品牌，即产品、组织、个人和符号。各种视角大不相同，它们的目标是帮助战略制定者思考不同的品牌元素和模式，从而使得网络品牌形象清晰、丰富并具有独特性。详细的网络品牌形象将有助于执行环节中的决策。

并不是每一个网络品牌形象的塑造都需要应用所有视角或其中一些视角。对于有些品牌而言，只有一种视角是可行或合适的。但每个品牌都应该考虑到所有这些视角，并将那些有助于在消费者心中清楚表达品牌形象的视角应用在实际。

一、作为产品的品牌

尽管战略制定者应该避开产品属性固着陷阱，产品相关的联想却几乎重视网络品牌形象的一个重要部分，因为这些联想与品牌选择决策和使用体验有着直接联系。

（一）产品范围

品牌形象的核心元素通常是其产品驱动力，它会影响组织希望实现并且可行的联想类型。品牌将与哪些产品建立联想呢？对于哈根达斯而言，答案是冰激凌；对于 VISA 而言是信用卡。与产品类别牢固的联系意味着当消费者想起这种产品时，就会回忆起这个品牌。而支配性品牌，如纸巾中的心相印、创可贴中的邦迪等，通常是消费者记起的唯一品牌。

将品牌与产品类别建立联系的目的并不是为了在品牌被提起时，能够让人们回忆起该产品类别。当提到神州时，人们的反应是租赁汽车，与人们需要租赁汽车时提到神州是不可相提并论的。不论人们提到摩托车还是汽车，本田都是人们会想到的一个品牌名称。

当产品类别范围扩大时，会产生一个关键的形象问题。对于大多数人而言，惠普一直与领先的电脑打印机相联系。当打印机、扫描仪、传真机和复印机的区别日渐模糊时，与打印机的牢固联系就从原来的关键资产变成了一个需要积极管理的问题。惠普需要调整打印机的形象，从而使之应用到更为广泛的产品类别上。因此，惠普现有有了扫描仪（ScanJet）、传真机（FaxJet），甚至集传真机、复印机和打印机于一身的机器（OfficeJet）。

（二）产品属性

与购买或使用直接相关的属性能够为消费者提供功能利益，有时还有情感利益。产品相关的属性能够通过提供额外或更优的事物创造一种价值主张。

能提供更好产品的品牌包括以下这些：7-11 便利店能够提供比杂货店更便利的服务；万豪酒店加快结账速度；麦当劳在全球各地提供相同品质的产品；维珍航空为商务舱乘客提供免费的豪华轿车接送服务；海南航空为贵宾卡乘客提供免费的机场餐饮服务。如上文所述，问题在于产品属性有可能成为形象建设的焦点，而排除了其他可以为品牌增加价值和独特性的视角。

（三）质量/价值

质量是与产品相关的属性之一，这个因素太重要了，应该加以单独考虑。在每个竞争领域，感知质量要么决定了接受价格（你需要提供最低限度的质量水平才能生存下来），要么决定竞争关键（拥有最高质量的品牌才能获胜）。许多品牌将质量作为一种核心形象元素。例如，吉列很大程度上定位为“男人可以得到的最好剃须刀”，星巴克的品牌形象很大程度上建立在真诚、持续地提供全球最佳咖啡的声望之上。

（四）使用场景的联想

一些品牌成功地拥有了特殊用途或应用，并强迫竞争者的举动限制于此。例如，佳得乐拥有的使用情景是运动员期望保持高水平的发挥。尽管漂白粉可以用在很多东西的清洁、消毒上，但高乐氏漂白粉与布匹漂白紧紧联系在一起。星巴克咖啡屋通过友善的雇员提供了一个亲切、高端的休闲场所。

（五）使用者联想

根据使用者类型定位品牌是另一种方法。例如，嘉宝专注于婴儿；埃迪·鲍尔（Eddie Bauer）为拥有户外生活习惯的人提供流行时尚。牢固的使用者类型定位可以表现出价值主张和品牌个性。

（六）与国家或地区相关联

还有一种战略选择是把品牌与一个国家或地区联系起来，这个国家或地区可以增加品牌的可信度。例如，香奈儿被认为是永恒的法国品牌，斯沃琪是瑞士的，红牌伏特加是俄国的，二锅头是北京的，茅台是贵州的，紫砂壶是宜兴的。品牌与国家或地区的相关联想表示该品牌能够提供更好品质的产品，因为这一国家或地区一直以来生产的该类产品都是质量最佳的。

很多研究都曾经探究过原产国效应。基于一项研究发现，这种效应的深浅程度因产品类别不同而有差异。例如，在人们心中，日本电子产品比日本食品级别高，法国时尚比法国电子产品的评价高。原产国也可以赋予产品不同类别的属性。有研究者在比较美国消费群对汽车与电视机的评价后发现，人们认为美国产品服务较好，日本产品在声望方面得分一般（尽管在其他方面处于支配地位），德国产品声望很高，但其经济性较差。

二、作为组织的品牌

把品牌看做组织的视角更多地聚焦于组织的属性，而不是产品或服务的属性。诸如创新、对质量的追求、对环境的关注等组织属性是由员工、文化、价值观和企业设计所创造的。例如，土星品牌就是此类形象的典型例子，它把土星价值观（建造世界一流的经济性轿车）、规划（包括零售商体系）和员工（很明显认同该价值观的群体）有机地连接在一起。

品牌的某些方面在一些情况下可以被看成是产品属性，而在其他情况下又可以看做组织属性。例如，质量或创新如果是基于某一特定产品的设计或者特点，那么就是产品相关的属性。如果是基于组织文化、价值观或规划，那么就是组织相关的属性。在某些情况中，两种视角会共存。

与产品属性相比，组织属性更持久，对竞争的抗击能力更强。首先，复制一个产品要比复制一个具有独特员工、价值观和规划的组织容易得多。其次，组织属性可以应用于一系列的产品类别，而来自于单一产品类别的竞争对手很难与之抗衡。最后，具有创新能力的组织属性很难评价或传播，竞争者很难证明他们已经跨越了任何一个感知的沟壑。要表明自己的打印机比竞争对手的产品快相对容易，而表明自己的组织更有创新能力则比较困难。

组织属性有助于价值主张。以消费者为中心、关注环境、追求技术或是本土化等联想能够引发钦佩、尊重或是喜欢，继而形成情感或自我表达的利益，它们可以为品牌的产品宣言增加可信度。如 3M 的创新形象就很好地促进了 3M 的易事贴产品。

三、作为个人的品牌

把品牌看做是人的视角指示了另一种品牌形象，它比建立在产品属性之上的品牌形象更丰富、更有趣。一个品牌就像是一个人，可以被认为是高层次的、有能力的、令人印象深刻的、值得信赖的、有趣的、积极的、幽默的、休闲的、正式的、年轻的或是聪明的。例如，土星的个性就如同一位可信赖的、脚踏实地的朋友。

品牌个性可以通过多种渠道使得品牌更为强大。首先，它有助于创造自我表达利益，为消费者提供表达个性的工具。其次，正如人的个性会影响人际关系一样，品牌个性也奠定了消费者与品牌之间关系的基础。最后，品牌个性还有助于传递产品属性，从而有助于表达功能利益。

四、作为符号的品牌

一个强有力的符号可以帮助品牌形象获得凝聚力和层次，并使品牌更容易得到再认可与回忆。它的出现是品牌发展的关键因素，它的缺位将是一个巨大的障碍。将符号提升到品牌形象的地位，就反映了其潜在能力。

任何代表品牌的事物都可以成为符号，包括麦当劳的罗纳德·麦当劳屋计划，或土星的不讨价还价的定价策略。品牌符号包括三类，即视觉形象、比喻和品牌传统。

与视觉形象相关的符号容易记忆、力量强大。如泛美的金字塔、麦当劳的金色拱门、柯达的黄色、可口可乐的经典易拉罐、梅赛德斯-奔驰的标志。以上每种强大的视觉形象都能体现各自品牌形象的实质，因为该符号与品牌形象元素之间的联系由来已久。只需一眼，品牌即可映入脑海。

如果符号设计中使用了比喻，其中的符号或者符号特征能够代表某种功能、情感或自我表达利益，它们将更加富有意义。例如，英国宝诚集团的岩石代表力量，乔丹的弹跳能力代表耐克的性能。

强有力的符号可以作为品牌战略的基础。最终的形象将会驱动所有事物，某些情况下甚至决定产品或品牌名称。

生动形象、意义深刻的历史传承有时也能代表品牌的精髓。美国铁路公司将乘客体验与一流的铁路旅行联系起来，用广告语提醒消费者“总有一些关于火车的神奇故事”；星巴克咖啡则与西雅图派克市场的第一家咖啡屋联系在一起。

第三节 网络品牌形象结构

网络品牌形象由核心形象和延伸形象组成。形象元素通常围绕核心形象元素组织成持久的意义模式。因此，理解核心形象、延伸形象及意义模式非常重要。

一、核心形象

核心形象代表着品牌永久的精髓，是网络品牌最核心的价值主张。以下内容是对一些品牌核心形象的描述：

米其林：为懂得轮胎的驾驶者提供技术先进的轮胎。

强生：值得信赖的高品质非处方药。

乐柏美：价值和创新，以及实用家庭塑料产品的传统。

土星：世界一流的品质，尊重消费者，以朋友的方式对待消费者。

九阳：提供智能便捷的厨房生活解决方案。

核心形象既是意义的中心，也是品牌成功的中心，即使品牌进入新的市场和产品领域，它所包含的联想也会保持不变。例如，格力由空调产品进入冰箱、热水器、生活电器、手机等产品领域时，依旧传递着“核心技术、原创设计”的产品和信息，即使推出子品牌时，如大松（TOSOT）生活电器，其核心形象依旧注入了格力的核心形象。

品牌的核心形象比延伸形象更加抵制变化。象牙皂（Ivory）“纯度 99.44%”和“它漂浮着”的广告语反映了它持续一百多年不变的形象。可口可乐更改配方的惨痛教训，是品牌核心形象变化的负面案例。品牌定位或传播战略可能改变，延伸形象也会变化，但是核心形象更加持久。

核心形象可以从下列这些审视性难题的回答中推导出来，即：

品牌的灵魂是什么？

驱动品牌的基本信仰和价值观是什么？

品牌背后的组织有哪些竞争力？

品牌背后的组织代表着什么？

核心形象包含的元素应该使品牌既独特又有价值，也因此有助于品牌的价值主张和品牌信誉。有时，一句广告语就能至少把握部分的核心形象：

“我们是第二，所以更努力”：表明阿维斯致力于为消费者提供最佳的服务。

“对于完美的不懈追求”：表明雷克萨斯在工艺、操控、舒适和功能等方面的质量标准都是最高的。

“只溶在口，不溶在手”：体现 M&M's 糖果提供了口味和便利性。

但对于一句独特的广告语而言，即使是核心形象也通常显得过于多样化。例如，土星的形象既有质量的元素（世界一流轿车），也有关系元素（尊重消费者，像朋友般对待消费者）。其广告语“不一样的企业，不一样的车”为这两个核心形象元素提供了保护，但是无论从哪方面看，单独这句广告语都没有把握住土星的核心形象。

二、延伸形象

延伸形象包括那些提供质感和完整性的元素。它使得画面丰富充实，用细节详细阐释品牌代表什么。品牌营销计划中已经或应该成为视觉联想的重要元素也可以包括在内。对于土星而言，延伸形象包括产品本身、没有压力的零售体验、不讨价还价的定价、“不一样的公司”的广告语和品牌个性。以上每种元素都驱动着整个品牌形象，但是没有哪种元素像核心形象一样构成品牌的基础。

核心形象通常不具备足够的细节来演绎品牌形象的所有功能。品牌形象应该帮助企业决定哪项计划或沟通是有效的，哪项可能造成损害或偏离目标。但即使是深思熟虑、目标准确的核心形象，对这项任务而言也可能太过模糊、不够完整。

品牌个性通常不是核心形象的组成部分，但是作为延伸形象的一部分，它绝对是增加细节和完整性的正确工具。延伸形象给战略制定者提供了指令，使他们能够充实细节，完善画面。

有一个合理的假设，即在一个产品类别中，更宽广的延伸形象意味着更强大的品牌，它更容易记忆、更有趣，和你的生活联系更紧密。就像描述一个人，如果他既无趣也无知，与你的生活关系不大，那么只需要寥寥几个词就可以。如果一个人很有趣，你和他又有个人或职业联系，那么对他的描述就比较复杂。当然，品牌形象相关元素的数量也取决于产品类别。以下是麦当劳的品牌形象。

（1）核心形象：

价值提供：麦当劳提供一定价格水平的产品、特别优惠以及购买体验构成的价值。

食品质量：全世界任何一家麦当劳的食品都如出一辙——热气腾腾、美味可口。

服务：快速、准确、友善和绝不争辩。

清洁程度：在柜台前后的操作过程都保持清洁卫生。

使用者：家庭和儿童是重点，同时为众多消费者服务。

（2）延伸形象：

方便：麦当劳是最方便的快餐店——靠近人们的居住、工作和聚会的地点；以高效、节约时间的服务为特色；出售易于食用的食物。

产品范围：快餐、汉堡、儿童娱乐。

子品牌：巨无霸、麦满分、欢乐餐、超值套餐以及其他。

企业公民责任与义务：罗纳德·麦当劳儿童慈善会、罗纳德·麦当劳屋。

品牌个性：家庭导向、纯美国式、纯洁、健康、开心、有趣。

关系：包括了家庭/趣味联想，麦当劳也是快乐时光的一部分。

标志：金色拱门。

人物：麦当劳叔叔、麦当劳玩偶和玩具。

（3）价值体现：

功能性利益：提供美味汉堡、炸鸡和饮料；外加儿童乐园、奖品、赠品和游戏。

情感利益：儿童——通过生日聚会的兴奋、与麦当劳叔叔和其他人物的联系以及特殊家庭时光感觉而获得的乐趣；成人——与麦当劳温情广告所强化的家庭活动和体验建立联系，从而获得温暖的心理感受。

三、形象元素集合

核心形象和延伸形象将形象代表元素组织起来，共同代表品牌的本质。品牌形象元素也可以组织成几个有凝聚力、有意义的集合（或称心理网络）。这种组织过程通常围绕核心形象元素而进行。有效的品牌会有几个有凝聚力、可解释的形象元素集合。相比而言，弱势品牌的形象只是建立在少数元素之上，并且这些元素也显得分散，甚至不协调。

由此看来，品牌形象结构的一个重要方面就是这些元素如何相互协调组合，是否存在有意义的模式？形象集合的元素之间是否一致？或者换个角度，这些元素是否看上去只是随机的联系，是否可能不一致？

以麦当劳为例，至少可以找出 3 个有凝聚力的集合，每一个集合都得到一系列形象元素的支持。儿童、乐趣、家庭的联想与麦当劳叔叔、麦当劳生日聚会体验、麦当劳乐园游戏、欢乐餐、麦当劳玩偶和玩具相一致并得到这些元素的支持。罗纳德·麦当劳屋包括在一系列社会化联想中。最后还有一系列功能联想围绕着服务、价值和餐饮组织起来。金色拱门不仅代表着整个品牌形象，而且起着联系作用。

绘制心理网络图是一项有助于发现元素之间关联的练习。这样一来，核心形象的角色以及元素关联模式就会非常清晰。图 5-3 就描述了麦当劳的例子。

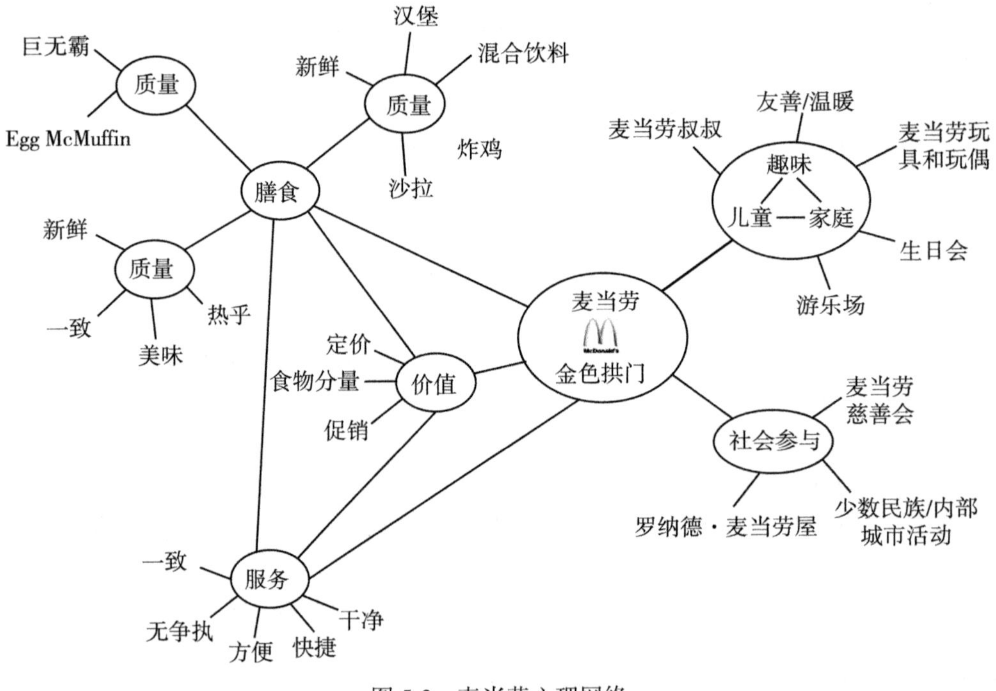

图 5-3　麦当劳心理网络

第四节 网络品牌形象作用

除非网络品牌的作用是通过提供可信度来支持其他品牌，否则其品牌形象都需要为消费者提供价值主张。价值主张是陈述，表达品牌为消费者提供的功能利益、情感利益和自我表达利益等价值。有效的价值主张应该促成品牌-消费者关系的建立，并且驱动购买决策。

一、功能利益

价值主张最明显、最普遍的基础就是功能利益，功能利益的基础是能够为消费者提供有用的产品。这种利益与产品或服务为消费者提供的功能直接相关。对于激光打印机，功能利益可能是速度、分辨率、质量、纸张容量或短暂停机时间。以下还有一些例子，可以让我们更直观地理解功能利益：

沃尔沃因其重量和设计而安全、耐用。

宝马企业操控优势，即便在冰面上。

佳得乐饮料帮助你在运动中补充液体。

7-11 商店意味着便利。

可口可乐提供新鲜和好口味。

功能利益与消费者决策和使用体验直接相关，尤其是那些基于产品属性的利益。如果一个品牌能够占据一项关键的功能利益，它就能主宰整个产品类别。例如，佳洁士依靠美国口腔医学会认可支持的预防蛀牙的承诺，领导牙膏产品数十年。其竞争者不得不定位于次要的维度上，如清新口气、增白牙齿等。但是品牌面临的挑战是选择一项功能利益，使其打动消费者，支持比竞争者更强的品牌定位。第二项任务不仅牵涉创造一项产品或服务，更涉及向消费者传达这种能力。而沟通从来就不是一项次要工作，并且有时候还非常困难。

功能利益也存在一些局限性。在有关产品属性固着陷阱的探讨时就曾提出，产品属性和功能利益存在着局限。它们常常做不到差异化，容易被模仿，假设决策者是理性的，并且会减少战略灵活性，妨碍品牌延伸。克服这些局限的一种方式，就是把品牌形象的视角扩展到产品属性之外，把品牌当做是组织、个人和符号进行考虑。另一种方法就是扩展价值主张的范围，不仅包括功能利益，而且包括情感利益和自我表达利益。

二、情感利益

如果购买或使用某种品牌能够让消费者产生一种积极的情绪，这一品牌就提供了情感利益。最强势的品牌形象通常都包括情感利益。消费者可以体验到以下情感，如：

沃尔沃的安全。

驾驶宝马的兴奋。

应用佳得乐的能量恢复。

在 7-11 商店购买商品很方便。

饮用可口可乐的能量与活力。

依云只不过是水而已，并没有足够吸引人的功能利益。但是在依云的广告中，品牌被赋予了巨大的情感利益。通过“又一天，又一次感受健康的机会”的广告语和视觉形象，依云不仅把自己与成功联系起来，而且与成功带来的满足感联系起来。情感利益丰富并加深了品牌拥有与使用的体验。

要探究什么是情感利益，何种情感利益可以与一个品牌相关联，研究的重点需要聚焦到情感方面。当消费者购买或使用品牌时，他们的感觉如何？功能利益实现时，会发生什么样的情感？大多数功能利益都会有一种或一系列相应的感觉。

一个优秀的品牌既有功能利益也有情感利益。如欧派将家庭厨房这一功能利益和伴随家庭和饮食而生成的情感利益相结合，从而创造了一个融合的“爱”的品牌形象。

三、自我表达利益

著名消费行为学家罗素·贝克曾提出：“我们就是我们拥有的事物，这可能是消费行为中最基本最有力的事实。”贝克的意思是品牌和产品能够成为一个人自我概念的表达符号。因为品牌给人们提供了传播他或她自我形象的方式，因此具有了自我表达利益。

每个人都扮演着多种角色，就像一个男人可能是父亲、丈夫、儿子、作家、运动员等。对于每一个角色，这个人都会拥有相关的自我概念，也需要表达这种自我概念。购买、使用品牌就是满足这种自我表达需求的一种方式。如一个人可能把自己定位为以下任何一种形象：

通过拥有金鸡滑雪板显示富有冒险精神和勇敢个性。

通过从 GAP 购买时装而显得时尚。

通过使用拉尔夫·劳伦香水而显得深沉。

通过驾驶林肯轿车显示成功和权力显赫。

当一个品牌提供了自我表达利益，品牌与消费者的关系就更易于得到提升。例如，考虑一下使用玉兰油（它让消费者感到自己优雅、成熟、神秘，从而提升自我概念）与使用采婷或凡士林有什么不同，后面两者都没有提供自我表达利益。

情感利益与自我表达利益的关系有时非常紧密。比如，穿着李维斯牛仔产生的强壮感觉，与通过它们来表达自己健康强壮的一面仅有细微的差别。但是两种角度的差别非常重要，比如，通过驾驶林肯轿车来证明成功是有意义的，而感觉自己很重要这一情感过于微弱，不值得一提。因此，单独考虑自我表达利益很有必要。

总体来看，相对于情感利益，自我表达利益将重点聚焦在以下方面：

自我而非情感。

公共背景和产品而非私人背景或产品。

抱负与未来而非对过去的回忆。

持久的（与个人性格相关的事物）而非短暂的。

使用产品的行为本身（穿着围裙强调自己是一名优秀的厨师）而非使用产品的结果（精心准备的大餐亮相时感到骄傲和满足）。

第五节 品牌个性

一、解读品牌个性

品牌个性可以被定义为与给定品牌相联系的人格特质的组合。因此，它包括了性别、年龄、社会经济地位等特点，以及传统意义上的人性特征如温暖、关怀、善良和感伤等。例如，与男性化的品牌万宝路相比，维珍妮更显女性化；苹果比较年轻，IBM 则被认为年龄稍长；盖尔斯被视为精致、高雅的，威格是比较粗犷、奔放的。

品牌个性，如同人的个性一样，既是独特的又是持久的。例如，可口可乐被认为是真实的、可靠的，百事可乐是年轻的、意气风发的、令人兴奋的。尽管有时候会有所增加或改变，但这两个品牌形成并保持各自的个性已经很长时间了。

品牌个性具有相当多的表面效度。在定性和定量的研究中，被访者经常被问及他们关于品牌个性的感觉。他们很容易做出回答，并且他们的回答是可解释的，不同的人回答具有一致性。组别之间的差异（如用户和非用户）通常是合理的，这种差异可以为人们提供有用的信息。例如，一个品牌的用户通常认为该品牌具有强烈的个性，而非用户可能不这么认可。欧乐宝的用户认为该品牌是一个认真的、称职的品牌，而非用户则认为它很一般。

二、测量品牌个性

用于描绘一个人的词汇同样可以用来描绘品牌个性。一个品牌可以用人口指标（年龄、性别、社会等级及种族等）、生活方式（活动、兴趣以及观念等）或者人类个性特征（外向、善良和可靠等）来描述。

有一项研究开发并测试了一套品牌个性量表，这是一套用来测量和构建品牌个性的指标体系。该量表的开发涉及 1 000 多名美国被访者，60 个知名的、具有鲜明个性的品牌以及 114 项个性特征指标。当所有样本按照年龄或性别进行细分并使用了品牌集合时，真诚、刺激、能力、高雅和粗犷这 5 种个性要素（称为 5 大个性要素）脱颖而出。这 5 种个性几乎解释了所有品牌之间的差异。为了更好地理解 5 大个性要素的广度与丰富度，接下来分别展开 5 种个性的次级特质，旨在更清晰地描述这一指标体系。

1. 真诚（柯达、贺曼）

（1）务实的：家庭为重的，小镇的，大众的，蓝领阶层的，全美的。

（2）诚实的：真诚的，真实的，道德的，周到的，关爱的。

（3）有益的：新颖的，纯正的，永恒的，经典的，古老的。

（4）愉悦的：重感情的，友善的，温馨的，快乐的。

2. 刺激（保时捷、贝纳通）

（1）勇敢的：时髦的，刺激的，不寻常的，光鲜的，煽动性的。

（2）朝气蓬勃的：酷酷的，年轻的，活泼的，外向的，冒险的。

（3）富有想象力的：独特的，幽默的，意想不到的，艺术的，有趣的。

（4）最新的：独立的，当代的，创新的，进去的。

3. 能力（IBM、CNN）

（1）可信赖的：勤奋的，安全的，有效的，可信的，慎重的。

（2）聪明的：技术的，合作的，认真的。

（3）成功的：具有领导力的，自信的，有影响力的。

4. 高雅（雷克萨斯、露华浓）

（1）上流阶层的：有魅力的，好看的，自命不凡的，精致优雅的。

（2）迷人的：女性的，柔顺的，性感的，温和的。

5. 粗犷（李维斯、万宝路）

（1）户外的：男子气概的，西部的，积极的，运动的。

（2）强硬的：粗犷的，强壮的，直截了当的。

品牌个性量表也测量了人们对每个种品牌与同类品牌相比的态度差异程度。有趣的是，研究发现个性变量与态度变量显著相关，不同品牌的个性与人们的态度呈现出不同的关系。对于苹果和美国运通而言，刺激和能力个性维度会给它们带来正面的态度影响。粗犷维度对于李维斯是正面的推动，对于麦当劳正好相反，产生的是负面的态度影响。总体上，与积极态度联系最为紧密的个性特征是真诚因素（如实际的、真诚的、纯正的、创新的）和能力因素（如可信赖的、具有领导力的）。

一些品牌已经将纯正性或真实性作为它们品牌的核心形象因素，真诚因素的强大作用可以部分解释出现这种转变的原因。如通用公司发现雪佛兰品牌积累了良好的信誉资产，因此提出的新广告主题为“纯正的雪佛兰轿车”。在汽车、运动器械、化妆品甚至咖啡等特定产品上，刺激是发挥作用的另一个个性特征。

三、塑造品牌个性

人的个性会受到与他相关的几乎所有的事物影响，包括他的邻居、朋友、活动、服装以及互动方式，品牌个性也如此。无论是否与产品相关，都会影响品牌个性，如表 5-2 显示了品牌个性的影响因素。

表 5-2　**品牌个性的影响因素**

与产品相联系的特征	与产品没有联系的特征
产品种类（银行） 组件（捷威电脑） 价格（蒂芙尼） 属性（银子弹啤酒）	使用者形象（李维斯 501 牛仔裤） 赞助（哈根达斯） 标记（万宝路乡村） 年龄（柯达） 广告方式（诱惑） 产地（奥迪） 公司形象（美体小铺） CEO（苹果的乔布斯） 名人代言（中国人寿）

与产品相关的特征是品牌个性的基础推动力，产品种类甚至会影响个性。如耐克或锐步这样的运动品牌，可能倾向于具有粗犷、喜欢户外活动、冒险以及年轻活力的个性。

产品属性通常会影响品牌个性。如蒂芙尼这样的高价品牌可能被视为是富有的、优雅的，并且可能是有一点势力的。品牌个性也可能展示或者增强产品的有些属性。例如，慧俪轻体具有苗条、活泼的个性，代言人琳恩·雷德格瑞夫所摆出的活泼姿势可能更增强了消费者对这一品牌的个性感知，消费者将会容易记住并相信慧俪轻体产品拥有低热量、能控制体重的属性。此外，与产品不相关的特征也可以影响品牌个性，这些特征包括广告形式、产地、公司形象、CEO 的身份及名人代言等。另外，还有 4 种与产品不相关的品牌个性影响因素，分别是用户形象、赞助、年份和品牌标志。

用户形象可能是在现实中的用户或者理想化的用户基础上形成的。用户形象能够成为品牌个性的一大影响因素，部分原因是使用者就是一个活生生的人，这就可以减少概念化品牌个性的困难。品牌所赞助的活动将会影响它的个性，如哈根达斯在“致力于乐趣，致力于艺术”主题下，通过赞助机场歌剧表演，塑造了著名的、高档的品牌个性。一个品牌的历史有多长也会影响它的个性，因此苹果与 IBM 等老品牌相比，总是倾向于具有年轻的个性。品牌标志会对品牌个性产生强大的影响，因为它是可以被操控的，并且可能会引起非常强烈的联想，如米其林的轮胎、万宝路的牛仔，都有助于塑造和强化它们品牌的个性。

四、品牌个性的价值

品牌个性的塑造可以予以品牌战略制定者多种帮助，使他们更深刻地理解人们对品牌的感知和态度，有助于创造差异化的品牌形象，引导品牌的沟通互动，并创造品牌资产。

（一）增进理解

品牌个性的比喻可以帮助管理者更深入地理解消费者对品牌的感知和态度。请人们对品牌个性加以描述，可以确定消费者的感受及其与品牌的关系，能够比询问产品属性感知提供更多的信息。

（二）有利于形成差异化形象

从战略的角度看，品牌个性作为产品或组织核心或者延伸形象的一部分，是有价值的差异化的基础，在品牌与产品属性相似的背景下尤其如此。事实上，它能同时确定品牌和产品的背景与历史。

（三）指导沟通活动

从战术的角度看，品牌个性概念还能向那些实施品牌形象建设活动的人员深入和广泛地传递品牌个性。现实中，我们不仅需要制定广告策略，还需制定有关包装、促销的策略，而这些都将取决于消费者与品牌之间个人联系的风格。如果对品牌只从属性联想方面加以说明，对沟通促进就会很少。品牌个性陈述能深入和广泛地表明品牌个性，使沟通活动与目标更易保持一致。

（四）创造品牌资产

品牌个性可以创造品牌资产，品牌个性是品牌资产的重要组成部分，品牌个性提供了品牌情绪与自我表达的好处，是建立品牌与消费者关系及市场区隔性的基础。品牌个性是品牌价值主张除功能性益处之外的剩余部分，它直接给消费者提供了重要的不可替代的购买理由。通过塑造品牌个性，对品牌资产创造工作起到直接的推动与促进作用。

☞ 关键术语

网络品牌	品牌系统	品牌层次	驱动角色
担保角色	网络品牌架构	品牌组合	战略品牌
关键品牌	银弹品牌	现金牛品牌	背书品牌
受益品牌	联合品牌	品牌层级树	品牌范围

共享式网络品牌架构　独立式网络品牌架构　母子式网络品牌架构

☞ 思考题

1. 何为网络品牌形象？网络品牌形象具有哪些要素？
2. 在构建网络品牌形象时，常常会遇到哪些形象陷阱？
3. 试论述从哪些视角来考虑网络品牌，以确保网络品牌形象的内涵与深度。
4. 试论述网络品牌形象具有哪些作用。
5. 何为品牌个性？品牌个性具有哪些价值？

第6章　网络品牌开发

【学习目标】

掌握网络品牌开发内涵及内容
掌握网络品牌开发意义及作用
掌握网络品牌开发要点
掌握网络品牌开发误区
掌握网络品牌开发关键要点
掌握网络品牌开发步骤

【章节纲要】

本章主要分三节介绍网络品牌开发相关知识。第一节主要介绍网络品牌开发内涵；第二节主要介绍网络品牌开发价值相关知识；第三节主要介绍网络品牌开发方法相关内容。

第一节　网络品牌开发内涵

一、网络品牌开发的概念

网络品牌开发是指企业通过各种渠道在消费者心目中建立起自身在网络渠道的品牌形象，再通过品牌形象进行客户开发的一种业务拓展模式。参与者涵盖了品牌的所有接触点，包括用户、渠道、合作伙伴、媒体甚至竞争品牌。品牌建设包括的内容有品牌资产建设、信息化建设、渠道建设、客户拓展、媒介管理、品牌搜索力管理、市场活动管理、口碑管理、品牌虚拟体验管理。“品牌”是一种无形资产，“品牌”就是知名度，有了知名度就具有凝聚力与扩散力，就成为发展的动力。尤其在互联网经济中，网络品牌对于企业而言至关重要，富含宝贵的企业价值。

二、网络品牌开发具体内容

为了实现在消费者心目中建立起个性鲜明的、清晰的品牌联想的战略目标，品牌建设的职责与工作内容主要为：制定以品牌核心价值为中心的品牌识别系统，然后以品牌识别系统统帅和整合企业的一切价值活动（展现在消费者面前的是营销传播活动），同时优选高效的品牌化战略与品牌架构，不断地推进品牌资产的增值，并且最大限度地合理利用品牌资产。要高效创建强势大品牌，关键是围绕以下四条主线做好企业的品牌战略规划与管理工作。

（一）品牌识别

以品牌识别统帅一切营销传播，进行全面科学的品牌调研与诊断，充分研究市场环境、目标消费群与竞争者，为品牌战略决策提供翔实、准确的信息导向。在品牌调研与诊断的基础上，提炼高度差异化、清晰明确、易感知、有包容性和能触动感染消费者内心世界的品牌核心价值。规划以核心价值为中心的品牌识别系统，基本识别与扩展识别是核心价值的具体化、生动化，使品牌识别与企业营销传播活动的对接具有可操作性。以品牌识别统帅企业的营销传播活动，使每一次营销传播活动都演绎传达出品牌的核心价值、品牌的精神与追求，确保企业的每一份营销广告投入都为品牌作加法，都为提升品牌资产作累积。制定品牌建设的目标，即品牌资产提升的目标体系。

（二）优选品牌

品牌战略规划很重要的一项工作是规划科学合理的品牌化战略与品牌架构。在单一产品的格局下，营销传播活动都是围绕提升同一个品牌的资产而进行的，而产品种类增加后，就面临着很多难题，究竟是进行品牌延伸，新产品沿用原有品牌，还是采用一个新品牌？若新产品采用新品牌，那么原有品牌与新品牌之间的关系如何协调？企业总品牌与各产品品牌之间的关系又该如何协调？品牌化战略与品牌架构优选战略就是要解决这些问题。这是理论上非常复杂，实际操作过程中又具有很大难度的课题。同时对于大企业而言，有关品牌化战略与品牌架构的一项小小决策都会在标的达到几亿元乃至上百亿元的企业经营的每一环节中以乘数效应的形式加以放大，从而对企业效益产生难以估量的影响。品牌化战略与品牌架构的决策水平高，让企业多赢利几千万元、上亿元是很平常的事情；决策水平低，导致企业损失几千万元、上亿元也是常有的事。如雀巢灵活地运用联合品牌战略，既有效地利用了雀巢这一可以信赖的总品牌获得消费者的初步信任，又用宝路、美禄、美极等品牌来张扬产品个性，节省了不少广告费；雀巢曾大力推广矿物质水的独立品牌飘蓝，但发现飘蓝推起来很吃力、成本居高不下，再加上矿物质水单用雀巢这个品牌消费者也能接受，于是就果断地砍掉飘蓝，2001 年下半年在市场上就见不到飘蓝水了。如果不科学地分析市场与消费者，还愣头青一样继续推飘蓝，也许几千万元、上亿元的费用就白白地流走了。而国内不少企业就是因为没有科学地把握品牌化战略与品牌架构，在发展新产品时，在这一问题上决策失误而翻了船，不仅未能成功开拓新产品市场，而且连累了老产品的销售。因此对这一课题进行研究，对于帮助民族企业上规模，诞生中国的航母级企业有重要意义。

（三）品牌延伸

创建强势大品牌的最终目的是为了持续获取较好的销售与利润。由于无形资产的重复利用是不用成本的，只要有科学的态度与高超的智慧来规划品牌延伸战略，就能通过理性的品牌延伸与扩张充分利用品牌资源这一无形资产，实现企业的跨越式发展。因此，品牌战略的重要内容之一就是对品牌延伸的下述各个环节进行科学和前瞻性规划：

提炼具有包容力的品牌核心价值，预埋品牌延伸的管线。

如何抓住时机进行品牌延伸扩张。

如何有效回避品牌延伸的风险延伸产品。

如何强化品牌的核心价值与主要联想，并提升品牌资产到品牌延伸中。

如何成功推广新产品。

（四）品牌资产

创建具有鲜明的核心价值与个性、丰富的品牌联想、高品牌知名度、高溢价能力、高品牌忠诚度和高价值感的强势大品牌，累积丰厚的品牌资产。

首先，要完整理解品牌资产的构成，透彻理解品牌资产各项指标如知名度、品质认可度、品牌联想、溢价能力、品牌忠诚度的内涵及相互之间的关系。在此基础上，结合企业的实际，制定品牌建设所要达到的品牌资产目标，使企业的品牌创建工作有一个明确的方向，做到有的放矢并减少不必要的浪费。

其次，围绕品牌资产目标，创造性地策划低成本提升品牌资产的营销传播策略。

同时，要不断检核品牌资产提升目标的完成情况，调整下一步的品牌资产建设目标与策略。

第二节　网络品牌开发价值

一、网络品牌开发意义

（一）品牌开发延续企业生命力

品牌是一个企业存在与发展的灵魂，众所周知，产品本身是没有生命力的，只有产品、没有品牌，或者只有贴牌、没有品牌的企业更是没有生命力和延续性的，只有重视品牌，构筑自身发展的灵魂，企业才能做大做强。只有注重品牌开发，才能延续企业的生命力。

（二）品牌开发塑造企业竞争力

品牌代表着企业的竞争力，企业产品参与市场竞争有三个层次，第一层是价格竞争，第二层是质量竞争，第三层是品牌竞争。今天的竞争已经发展到了品牌的竞争。品牌意味着高附加值、高利润、高市场占有率；品牌意味着高质量、高品位，是消费的首选。好的品牌可以为企业带来较高的销售额，可以花费很少的成本让自己的产品或服务更有竞争力。未来营销之战将是品牌之战，是为获得品牌主导地位而进行的竞争。拥有市场比拥有企业更重要，而拥有市场的唯一途径是拥有占据市场主导地位的品牌。品牌开发是确保企业市场竞争力的源泉，也是塑造企业持续竞争力的核心。

（三）品牌开发是消费者满意的前提

品牌意味着客户群。对于消费者来讲，有品牌的产品不仅在质量上能给予消费者以保证，更重要的是它能满足消费者在消费时的那种愉悦感，从心理上得到更大的满足。品牌代表着一贯的承诺。品牌对于顾客不仅意味着他们消费的产品、享受的服务源自何处、出自谁手，而且与一定的质量水准、品牌信誉始终相连。一个品牌代表着一定的产品、服务质量，凝聚着企业的形象和顾客、公众与社会对它的评价，吸引着相对稳定的、忠诚的客户群。对于广大企业来说，品牌意味着客户忠诚，意味着稳定的客户群，意味着同一品牌覆盖之下的持久、恒定的利益。只有注重品牌开发，才能夯实品牌在消费者满足评价中的根基。

（四）品牌开发是企业无形资产的源头

品牌是一种重要的无形资产，有其非凡价值。企业开发一个品牌，建立一个品牌，推广一个品牌，需要投入一定的人、财、物并形成各项费用，这就构成了品牌的经济价值。另外消费者在与其他产品比较的基础上，产生的在公众心目中的名气和声望，构成了品牌的无形价值。品牌价值的大小，取决于大众对这种品牌特征的看法和评价。品牌开发工作是构建企业无形资产的有力武器，也是企业资产积累的重要途径。

品牌是企业各种要素的长时间积淀，从品牌开发可以看出企业或产品的文化、传统、氛围或者精神和理念。品牌开发工作对于企业来说，有着提高品质、传递诚信、塑造形象的作用，社会、企业、消费者都会从中受益，意义重大而深远。

二、网络品牌开发作用

（一）增加企业的凝聚力

这种凝聚力，不仅能使团队成员产生自豪感，增强员工对企业的认同感和归属感，使之愿意留在这个企业里，还有利于提高员工素质，以适应企业发展的需要，使全体员工以主人翁的态度工作，产生同舟共济、荣辱与共的思想，使员工关注企业发展，为提升企业竞争力而奋斗。

（二）增强企业的吸引力与辐射力

品牌有利于企业美誉度与知名度的提高。好的企业品牌使外界羡慕、向往，不仅使投资环境价值提升，还能吸引人才，从而使资源得到有效集聚和合理配置。企业品牌的吸引力是一种向心力，辐射力则是一种扩散力。

（三）提高企业知名度和强化竞争力的一种文化力

这种文化力是一种无形的、巨大的企业发展的推动力量。企业实力、活力、潜力以及可持续发展的能力，集中体现在竞争力上，而提高企业竞争力又同提高企业知名度密不可分。一个好的企业品牌将大大有利于企业知名度和竞争力的提高。这种提高不是来自人力、物力、财力的投入，而是靠“品牌”这种无形的文化力。

（四）推动企业发展和社会进步的一个积极因素

企业品牌不是停留在美化企业形象的层面，而是成为吸引投资、促进企业发展的巨大动力，进而促进企业将自己像商品一样包装后拿到国内甚至国际市场上“推销”。在经济全球化的背景下，市场经济的全方位社会渗透，逐步清除企业的体制障碍，催化中国企业品牌的定位与形成。

第三节　网络品牌开发方法

一、网络品牌开发要点

（一）网络品牌建设的基础是企业网站

网络品牌开发需要注册企业的独立域名和购买网站空间以建立网站。在网站建设方面，企业第一要确定网站建设的目标；第二要规划网站商业模式；第三要结合目标客户群体的需求，充分展示企业的产品和服务，并通过有吸引力的内容，促进网络用户的访问；第四要通过创新设计实现网站风格的差异化。

一般而言，多数企业的网站主要用于品牌宣传，其内容主要包括：企业介绍、产品展示、人才招聘、客户服务、联系我们等模块。在进行差异化的品牌建设时，就需要企业独具匠心，创造性地设计符合企业整体形象的企业官方网站，从而塑造企业良好的网络品牌形象。

（二）加强企业网络品牌的宣传

网络品牌开发工作要积极进行网络推广、网络营销，提高企业品牌的知名度和美誉度。企业如何做好网络推广和网络营销，这也是企业家、电商专家、营销专家和学者共同探讨的话题。在电商领域的网络推广，大多实施的是广告宣传，无论是线下的实体电视、媒体广告、公交车身及站台广告，还是线上的网络广告，都进行铺盖式的轰炸宣传，知名度提升上去了，但是真正的性价比有待商榷。少量的实体企业在进行网络推广时会选择搜索引擎的竞价排名，确定行业内的关键字在大型搜索引擎上做推广，初期效果立竿见影，但是从长远来看，每年动辄几十万元、上百万元的推广费用，带来的更多是短暂的流量，真正的效果还需要做更多的网络推广营销。

越来越多的企业开始关注品牌整合营销，而整合营销主要包括：新闻营销、网络广告营销、百度营销（百度百科、百度知道、百度贴吧、百度文库）、邮件营销、博客营销、微博营销、论坛营销等。多种营销方式进行优势互补，让企业的品牌影响更多的受众，提高企业的品牌知名度和美誉度。

中小企业在具体的品牌建设操作过程中，可以结合自身企业的定位和市场战略来有所倚重或齐头并进，特别是在希望影响哪一部分人群方面，要做好充分的市场调研，并结合自己的操作经验来做，选择适合企业自身的营销方式。例如：建立企业官方博客、企业官方微博等长时间地宣传企业，多角度地塑造企业品牌；同时也可以找更专业的服务机构进行外包服务，用专业的人做更专业、效果更好的网络营销推广，多角度、多层次地塑造企业网络品牌的知名度和美誉度。

（三）持续地做品牌建设工作

在网络品牌的建设中，需要企业长期地跟进网络推广，企业的站点定期更新，企业做的整合营销服务也需要长时间地跟进，根据企业的实际发展情况做相应的调整。让用户访问企业的网站，并能长时间地多次访问企业的网站，从企业官网上获得更多的企业品牌信息。

企业品牌的建设是一个持久的过程，需要时间的沉淀，同时企业网络品牌的建立也一样，是一个长期作战的过程，只有这样才能在偌大的互联网市场分一杯羹。而企业品牌建设的本质还是需要企业提高自身产品的竞争力，严把质量关，在此基础上加强推广宣传，提升企业品牌的知名度、美誉度，培养客户的偏好度和忠诚度。企业通过有力的品牌营销策略和有效的客户管理，来增强客户对企业的功能体验和情感体验，巩固和加强与目标客户的联系，吸引更多忠诚的品牌使用者，这也是企业获得持久利润、走向持久成功的重要法宝。

二、网络品牌开发具体阶段

（一）规划阶段

一个好的品牌规划，等于完成了一半品牌建设；一个坏的品牌规划，可以毁掉一个事业。做规划时要根据品牌的十大要素提出很明确的目标，然后制定实现目标的措施。对于一个已经发展很多年的企业，还要先对这个企业的品牌进行诊断，找出品牌建设中的问题，总结出优势和缺陷。这是品牌建设的前期阶段，也是品牌建设的第一步。

（二）建设阶段

这个阶段很重要，其中最重要的一点，就是确立品牌的价值观。确立什么样的价值观，决定企业能够走多远。有相当多的企业根本没有明确、清晰而又积极的品牌价值观取向；更有一些企业，在品牌价值观取向上急功近利、唯利是图，抛弃企业对人类的关怀和对社会的责任。我们制定的品牌价值观取向非常明晰：首先是为消费者创造价值，其次才是为股东创造利润。

（三）形成阶段

企业要根据市场和企业自身发展的变化，对品牌进行不断的自我维护和提升，使之达到一个新的高度，从而产生品牌影响力。直到能够进行品牌授权，真正形成一种资产。这三个阶段，都不是靠投机和侥幸获得的，也不能够一蹴而就。

三、网络品牌开发误区

对于一个城市来说，它的发展离不开企业的发展，而企业的发展，就是依靠品牌给自己带来溢价及销售动力。品牌企业要想实现跨越，不仅包括做技术上的升级、管理体系上的构建、商业模式上的优化及企业文化的打造，还包括品牌建设的正确实施。可以说，品牌建设是企业崛起最快的方式。虽然有不少的企业对品牌建设充满了热情，但也存在着品牌因营销不系统、定位不明确，使品牌建设进入了几种常见的误区。

（一）品牌定位只站在自我角度

因为品牌的定位是品牌建设的大前提，它在构建品牌的系统工程中直接影响着品牌后面的工作。但大部分企业容易从自身的角度采取自我式的策略，来给品牌定位，而不是站在消费者的角度来审视自己的品牌，即是说这个起步阶段就走歪了。有的甚至根本没有定位，就开始执行品牌营销，结果导致一些老板不断地抱怨，花了大价钱来做品牌，却并没有大幅度打开市场销量。

如果企业的品牌定位不准，会出现几种后果：首先，消费者难以记住你的品牌；其次，钱没少花，可是没有效果；最后，最可怕的是失去了建设品牌的信心。

（二）混淆产品与企业两个品牌

经常有企业在做产品宣传时，总是加上企业品牌，而在做企业宣传时，又带上产品品牌。这种强行把两个品牌扭在一起的行为，让消费者难以记住。

其实，这种现象与企业在创建品牌时的总体布局和战略规划有关，也就是当初的战略定位忽略了这一点，没有意识到企业将来在品牌构建时会遇到这样的问题。如果企业名称与产品名称能相互匹配，就会在品牌建设过程中省去这种麻烦，比如世界知名品牌海尔、美的等。

（三）离开现实采用多品牌策略

品牌策略可以分为数种，比如多品牌策略、复品牌策略和单品牌策略。现实中，许多企业喜欢选择多品牌策略，这样可以与竞争企业来比品牌数量。但事实上，这种比较是没有意义的，它并不能体现出品牌的价值。一个企业注册多个品牌，往往会分散精力，让每个品牌的价值与影响力都相对削弱。一般来说，多品牌策略是跨国企业或上市公司采用的策略。一些小型的企业，会因为承受多品牌的动作成本而提前死掉。所以，企业在做品牌建设时，应该考虑采用单品牌策略，这样会使品牌的传播可以聚焦到一个点上，而这个品牌也很容易在短时间内得以迅速提升。

(四) 品牌营销的渠道不统一

虽然现在的传播渠道很多，比如传统渠道电视、显示屏等，连小区、楼宇甚至洗手间也会售卖广告位置。但这些杂乱的渠道让不懂品牌营销的企业陷入了选择障碍，他们不知道应该选择哪个渠道来实施品牌营销。这样的后果是导致企业选择了多渠道的传播方式，东一下、西一下，品牌营销呈现出不聚焦的局面，影响了销售效果。如果有这样的情况，企业应该考虑一下单渠道的模式，既降低成本，又能够聚焦，用以点带面的策略，扩大品牌的知名度。

四、网络品牌开发关键要点

(一) 战略

经常看到企业规划自己的战略决策，从三年规划到五年展望，从市场占有率到利润分析，甚至细致到对竞争对手的每一个举动的应对措施。至于所说的品牌定义和推广则鲜见，最多在某个章节用不太多的篇幅描述相关的“品牌”行为。

这样的战略规划直接导致企业在前期的市场行为中忽略了企业的品牌效应。品牌不仅是一个独立的部分，它与企业的利润、企业的市场环境、企业的内外资源紧密结合，不可分开。

企业在做战略规划时，就应该将企业的品牌塑造与企业宗旨有效结合起来。在企业达到某一阶段时，应该让用户对品牌有什么样的认知，品牌的宣传范围应该有多广；当企业达到下一阶段时，又应该如何将树立品牌与企业的发展相结合。

(二) 媒体

媒体应担负起社会责任，看看媒体，大家可以发现一个共同的特点：谁给钱多我替谁做宣传，完全没有考虑到自己所承担的社会责任。媒体这种不负责任的态度为某些企业品牌迅速成长造就了契机，通过赞助某项活动或举办什么评选，而让品牌在一定的时间里在社会上造成一定的影响，提高企业的销售利润。他们把媒体当作塑造品牌的全部，完全没有考虑到品牌自身所蕴涵的内在品质。

综观中国企业品牌成长历程，大家可以发现，能够成为优秀品牌的企业，是依靠服务、质量、价格起家的，那种单纯依靠媒体成长起来的“知了”型企业，事实上却活不了多久。媒体是企业展示自己的平台，犹如一个武功高手，不一定需要时时去表现，但武林中知晓的人士比比皆是。

(三) 员工

常会见到这样的现象，一方面企业在大力向消费者宣传自己的品牌概念，另一方面是自身企业的员工都无法解释自己的品牌究竟是什么。

对于企业以外的大众来说，他们对企业品牌的理解仅仅是一个标志或者一种感觉，稍微好点的是他们能够说出品牌的理念和标志的含义。就拿 BMW 来说，一谈到它，大家的第一感觉就是豪华轿车的象征，是身份的标志。但是究竟又有多少人能够说出 BMW 的含义，以及它的来历和公司的发展计划与品牌概念呢？试问一下，当你的员工和同行的人聊天，在谈到自身品牌的时候，无法做到详尽地表达自己企业的品牌和宗旨时，你又如何能希望你的品牌被大众所接受呢？

（四）需要过程

品牌不是短时间能够累积起来的，它是一个循序渐进的过程。但是目前国内的一些企业家在做品牌建设时，盲目地认为通过事件的炒作，就可以创造出品牌的效应。在搜索引擎里输入“营销+事件”的关键词，可以查看到很多关于短时间内品牌从成功创造到迅速衰退的各种案例。

因此在品牌的建设时期，它经历着品牌定位、品牌架构、品牌推广、品牌识别、品牌延伸、品牌资产这几个过程。那种短时间内建设的品牌，并不能完全意义地定义为品牌，它仅仅只能说是一个符号，在一定的时间、一定的范围内被大众提起的符号。

（五）诚信

在品牌建设中，诚信尤其重要。品牌标示着企业的信用和形象，是企业最重要的无形资产。在市场经济下，环境每天都在不断地变化，谁拥有了诚信品牌，谁就掌握了竞争的主动权，谁就能处于市场的领导地位。

某些企业管理者认为，让消费者满意，就能提升自身的品牌价值。的确，这是衡量企业品牌的一个重要因素。但是如何让消费者满意，让消费者成为品牌的忠诚客户？答案只有两个字——“诚信”。有一些企业为了保护品牌，当事情发生时，不敢站出来承担责任。但也有一些企业，由于技术原因，召回某年某月某日之前生产出来的产品，这种行为非但没有造成自身品牌知名度下降，反而提升了社会对该企业的认可。作为企业，要敢于坚持原则，讲诚信，妥协和沉默留给消费者的印象可能是没有原则，缺少原则性的企业最终会没有诚信品牌。

（六）多向发展

每个公司都拥有自己擅长和不擅长的东西，在品牌营造方面，首先要认准自己的长处和短处，可以依据自身的特点，打造出自己的核心竞争力。

品牌是由厂家创造出来的，再灌输给市场，让市场接受，但最终还是要消费者认可。消费者的口味在变，风格在变，因此，企业单纯地依靠一个品牌很难获得长期的发展。从宝洁到可口可乐，可以看出多品牌发展战略的重要性。作为企业厂家，要充分了解消费者的心理需要，把握好他们的消费动机、购买需求、行为分析等，建立起多品牌的战略规划。

五、网络品牌开发步骤

（一）品牌企划

（1）为公司和部门等组织谋划策略。

（2）清楚了解品牌是什么及不是什么，能做什么及不能做什么。

（3）研究、了解品牌的目标市场和受众。

（4）决定要冠上品牌的产品和服务的范围，包括开始以及最终的范畴。

（5）指派品牌经营者。

（6）研究、选择品牌名称，发展图像/商标以及品牌策略。

（7）记录品牌的起源及独特性，用商标保护品牌和其他知识产权。

（8）界定相对于其他品牌的品牌定位，以及相对于竞争者的品牌定位。

（二）品牌发展

（1）适当地使用目标群体、访谈、市场调查等方式，彻底研究品牌形象、身份、特质和性格，直到完全了解为止。

（2）查核品牌策略与公司对这些产品、服务、顾客、市场所抱持的策略，相互呼应。

（3）发展施行计划和战术，以支援产品、服务及品牌策略。

（4）准备好品牌上市计划，包含会计责任、预算、进度、目标市场及预期效果。

（5）决定是否须采取市场测试或其他必须进行的先前步骤。

（6）选择一家广告代理商或公关公司。

（三）方案实施

（1）设计品牌商标的包装，包括产品设计、服务设计、包装与呈现方式、销售规划等。

（2）发展广告及促销计划。

（3）发展销售与配销安置计划。

（4）发展附带资源以支持上述计划。

（5）树立如何、何处以及何时使用品牌、品牌图像、商标之标准，发展最初品牌延伸、建立副品牌或品牌合作的原则。

（6）将产品或服务销售到想要的通路，开始生产产品或传递服务。

（四）评估与调整

（1）以购买者及潜在购买者如何认知品牌以及相对于原先计划为衡量指标，评估最初的结果与意见。

（2）衡量品牌及广告认知，评估竞争者以及顾客的反应。

（3）基于初始结果与数据，针对上述任何一部分或全部进行必要的调整，然后再回到“执行”的步骤。

未来属于品牌，尤其是属于全球性的品牌。世界上最富有的国家的经济都是建立在品牌之上，而非建立在商品之上。消费者的内心对品牌的认知有三个层次，即：

第一个层次，想到一个笼统印象，比如说麦当劳，看到它的一个“M”，开始想到一个品牌的笼统印象。

第二个层次，想到什么样的性能。

第三个层次，才是它的潜意识，这个潜意识并不是所有人都能够告诉你。

用专业的术语来描述树立品牌的过程，即：

（1）如何理解品牌的价值？

（2）你的品牌在消费者心目当中定位究竟如何？

（3）与消费者沟通最好的办法是什么？

（4）怎样打动消费者？

☞ 关键术语

网络品牌开发　　　　网络品牌开发误区　　　　网络品牌开发步骤

☞ 思考题

1. 何为网络品牌开发？网络品牌开发具有哪些内容？
2. 试论述网络品牌开发的作用与意义。
3. 简述网络品牌开发过程中应该注意的一些要点。
4. 试论述网络品牌开发需要经历哪些阶段。
5. 进行网络品牌开发时，容易进入一些误区，试论述都有哪些误区。
6. 进行网络品牌开发时，应该注意哪些关键要点？
7. 试论述网络品牌开发的具体步骤。

第 7 章　网络品牌形象塑造

【学习目标】

掌握网络品牌定位

掌握网络品牌形象的实施要点

掌握品牌战略分析

掌握品牌战略分析阶段

掌握品牌形象和定位的力量

【章节纲要】

本章主要分三节介绍网络品牌形象塑造相关知识。第一节主要介绍网络品牌定位相关知识；第二节主要介绍网络品牌形象实施相关知识；第三节主要介绍网络品牌形象实施追踪相关内容。

通过开发三步骤品牌形象实施系统，把焦点转向形象与价值主张的实施。第一步是品牌定位陈述，它明确地解释形象中的哪一部分应该积极地进行传播沟通。第二步是传播计划的执行，它包括媒体选择或计划的实施。第三步是跟踪阶段，即监测整个传播计划的实施效果。

第一节　网络品牌定位

当网络品牌形象与定位都确定之后，就应该付诸实施了。首先应该设定传播目标，判定实施计划，这些都要从品牌定位开始，它是传播计划的基石。所谓网络品牌定位，是网络品牌形象和价值主张的组成部分，它展示了网络品牌相对于竞争品牌的优势，需要向目标受众进行积极传播。网络品牌定位的 4 个显著特征可以表述为“组成部分”“目标受众”“积极传播”和“展示优势”。

一、组成部分

有了品牌定位，品牌形象和价值主张就能得以广泛和深入地开发。品牌形象和价值主张并不需要清晰地表述哪些内容需要进行传播，因为品牌定位具有这种作用。对于有些品牌而言，品牌形象和价值主张会融合为一句陈述，并担当着品牌定位的角色。但大多数情况下，前者比后者的内涵宽泛很多。

比如说，对形象至关重要的元素并不一定在积极的传播战略中发挥作用。对于麦当劳而言，清洁无疑是其形象和文化的重要组成部分。但清洁就不太可能是品牌定位的一部分，因为它无法把麦当劳和其他竞争对手区隔开来。

品牌定位是形象和价值主张的子集，在不改变形象和价值主张的前提下，品牌定位可以改变。例如土星汽车在刚成立第一年时，将自己定位于世界一流的轿车。而在随后的时间里，品牌定位焦点放在了品牌形象的其他子集上，建立在友谊和尊重之上的消费者关系。其形象和价值主张并没有改变，改变的只是定位焦点和相应的沟通方案。

但是选择品牌形象中的哪些元素成为品牌定位呢？有 3 个方面需要关注：核心形象、形象着力点和价值主张。

（一）关注核心形象

根据定义，核心形象体现了品牌的核心与永恒的本质。因此品牌最为独特的、最有价值的方面通常都体现在核心形象中。此外，每一核心形象要素周围都围绕着一系列品牌元素，它们除了使核心元素更丰富、更有质感，也给执行提供了多种备选。最后，品牌定位应当包含核心元素，这样传播元素才不至于偏离品牌的本质。

（二）形象着力点

品牌定位也可以基于一个着力点，这个着力点无须一定属于核心形象的范畴。例如，麦当劳叔叔就可以成为麦当劳品牌的着力点，他是麦当劳关注乐趣和儿童的核心，同时也是罗纳德·麦当劳屋的基础，他所传递的信息非常有趣，能够使消费者产生尊敬，并且提高品牌知名度。因此，麦当劳可以有一种定位的选择，就是突出麦当劳叔叔。

有时子品牌、特色或服务也可以提供着力点。例如，耐克早期 Air 产品线中有名的气垫反映了耐克品牌形象中技术领先的方面。

（三）价值主张

消费者利益是价值主张的组成部分，也是品牌-消费者关系的基础，它可以作为品牌定位的另一个主要候选内容。例如，耐克推出由体育明星做代言人的鞋子，提供了提高成绩的功能利益和自我表达利益。迈克尔·乔丹是代言人，就为如下的品牌定位提供了基础，即“穿着迈克尔·乔丹穿过的运动鞋，让你表现更出色（目标人群——周末运动者）”。

二、目标受众

品牌定位应该瞄准特定的受众群体，他们可能是目标细分市场的一个子集。例如，山地自行车公司可能把目标受众定义为严谨、缜密的西海岸骑行者，而目标市场要比这一群体大得多。

目标受众也可分为主要目标受众和次要目标受众。对于丰田佳美来说，男性跑车驾驶者可能是主要目标受众，而女性应该是其重要的次要目标受众群体。定位战略应该把次要受众也考虑进去，千万不要引起他们的反感。

三、积极传播

我们说应该进行积极的品牌传播，意思是指应该设立特定的沟通目标，其重点是改变或巩固品牌形象或品牌-消费者关系。如果这些目标可行，也应该辅以测量标准。例如，目标如果是建立或改善“朋友式”的关系，就应该设立“捷威是你的朋友”和“捷威会伴你左右”等问题，开发出“同意-反对”量表。这样的量表可同时用于沟通方案测试和沟通效果追踪。

（一）品牌定位和品牌印象

品牌印象反映了品牌目前的感知状况。品牌定位与品牌形象类型，更多是对未来的期望，反映了战略制定者希望与品牌相联系的感知。为了建立品牌定位，从不同形象维度对品牌形象和品牌印象进行比较是很有助益的。

对形象与印象的比较通常会产生3种不同的传播任务，并且反映在品牌定位的陈述中。品牌印象可能需要进行：

拓展（如果某一维度需要增加或强化）——如增加社会群体的认可。

强化或开发（如果印象联想与形象一致，并且很强大）——如强化趣味和幽默个性。

模糊化、弱化或去除（如果印象与品牌形象不一致）——如弱化中年使用者形象。

（二）拓展品牌印象

品牌印象可能限制性过强，即它可能适合于某个年龄组成或某种用途，而品牌形象却需要增加其他细分市场或其他用途。公司可能希望将产品同时销往家庭和公司，或者销售给既要求款式好又要求耐用的消费者。因此品牌定位可能试图增加品牌印象的联想，同时弱化限制性感受。

例如，倩碧拥有新鲜、清洁、纯净的品牌印象，其典型使用者常被认为是油性皮肤的年轻女性。倩碧面临的挑战是保持目前印象的力度，同时弱化年轻人的印象（使品牌为成熟女性所接受），突破其专注于油性、问题皮肤的印象，获得更广泛的受众群体。

（三）强化品牌印象

品牌印象不应控制定位或形象，但也不应被忽略。有效的品牌定位通常能强化和开发品牌印象的实力。事实上，抛开品牌实力建立一种新定位通常很难成功，而且风险极高。

例如，富士重工最大的资产是其四轮驱动的联想（得到富士重工在山坡上运输滑雪车形象的支持)，以及四轮驱动所提供的性能和安全。曾经有一段时间，富士重工试图重新定位其品牌，以求吸引更广泛的市场，这一定位使其与本田雅阁和丰田佳美产生了直接竞争。结果是可以预料的，富士重工与其竞争者再也不存在差异了，此次活动因此失败。富士重工遭受了一些损失，随后还是回到了基于被认可形象的品牌定位，即制造四轮驱动汽车的优势品牌。

(四) 淡化形象

为了保证沟通计划的完整性，有时候明确品牌不是什么与明确品牌是什么同样重要。在表 7-1 的案例中，中年使用者是这一啤酒品牌形象中的元素之一，但品牌形象则包括了年轻饮用者。因此，明确该品牌的消费者并不只是中年人，提示了视觉形象应该避免什么，还有视觉形象应该包括什么。

表 7-1　　不同维度的品牌形象与品牌印象对比

维度	品牌形象（目标）	品牌印象（现状）
产品	高级啤酒	高级啤酒
使用者	年轻（精神或身体）	中年
个性	有趣、幽默	有趣、幽默
功能利益	卓越口味	卓越口味
情感利益	社会群体认可	无

四、展示优势

最后，品牌定位应该能展示其对于竞争者的优势所在。定位应该明确指出价值主张中的一种优势点，这一优势点能够与消费者产生共鸣，并且产生差异化，即体现与竞争者不同的事物。

(一) 与消费者产生共鸣

定位的关键目标之一就是建立一种优势点，这一优势点因其令人信服的价值主张或是有意义的品牌-消费者关系而与消费者产生共鸣。如果这一优势点的诉求有偏差、无说服力或是无关紧要，就只能形成虚弱、易受攻击的品牌。

战略制定者寻求的定位，不仅在当下，而且在长远的将来都应该能与消费者产生共鸣。品牌战略要求有巨大的投入，如果一个定位是短命的，那么其投资回报就会非常有限。与此相反，长期一致的品牌战略将会产生巨大的回报。

(二) 与竞争者形成差异

品牌定位还需要提供与竞争者不同的差异点。实现差异化有多种途径。品牌可以以更低的价格提供优于或与竞争者相当的功能利益，或者宣称可以提供不同的功能利益。还有一种选择是把定位建立在功能利益之外的事物上：情感或自我表达利益、组织属性、品牌个性或消费者关系。为品牌赋予个性常常能够成为品牌差异化的突破口。

（三）优于竞争者抑或与之匹敌

许多人很自然地认为一个品牌需要在各方面表现卓越，但事实上更为合适与可行的目标是避免形成不良形象。例如，假设康柏笔记本电脑品牌所处细分市场的主要竞争在于特色和公司支持，那么，试图使人认为该品牌在公司支持方面表现杰出是不明智的，因为戴尔等竞争者在这方面已经拥有强大的定位，所以达到接近或者接近相同可能是更好的战略。公司的目标应该是让消费者相信康柏在消费者支持方面与戴尔不相上下，从而其他方面的考虑决定了购买决策和产品满意度。

五、品牌定位要点

品牌定位陈述应该强调 4 个方面的问题，如图 7-1 所示：

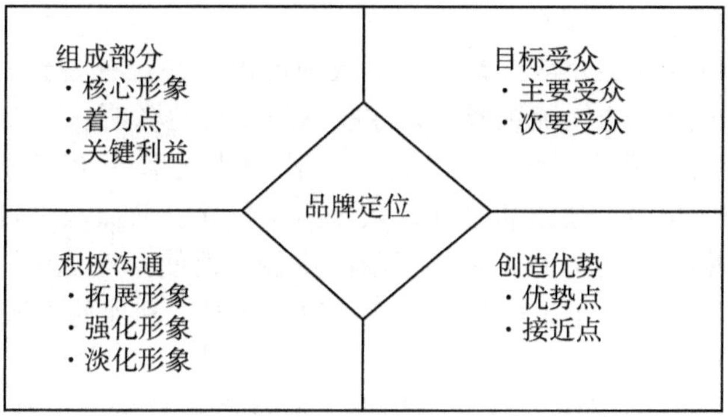

图 7-1　品牌定位

（1）品牌形象和价值主张中的哪些元素应成为定位和积极沟通计划的一部分？哪些元素将与消费者产生共鸣，将品牌与竞争者区隔开来？

（2）谁是主要的目标受众？谁是次要的目标受众？

（3）沟通的目标是什么？目前的品牌印象是否需要拓展、加强、开发，还是弱化或去除？

（4）优势点是什么？品牌印象中哪些点最好是接近或接近相等的？

第二节　网络品牌形象的实施

如果不能完美地执行，再合乎战略逻辑的定位也没有实施的价值。传播规划制定出来，有时是全体参与者的集体成果，虽然定位准确，但通过太过轻率，不能在竞争中脱颖而出。避免此类错误的关键是有耐心与恒心去实现成功。通常人们太容易妥协，认为对品牌的投资已经足够了，但事实上并非如此。

杰出地执行传播规划能够打动、娱乐受众，或者与他们产生互动，从而在混乱的竞争中突围出来。同时，执行还要能够实施定位战略，并将这一过程与品牌名联系起来。实现杰出是困难的，甚至判断何时已经实现了这种效果也比较困难。

一、制定预备方案

备选的执行方案越多，创造杰出事物的机会就越大。这些备选方案可以是针对同一媒介的多种创意性方式，也可以是迥然不同的媒介渠道。

让多个不同的广告创意小组独立地参与进来，可以产生多种创意方案的选择，如果有必要，可以使用不同的代理商。可口可乐比较激进，会使用多家代理商来创作一些精彩的独立广告。要做到这一点需要诀窍，就是制定协调和指导性的战略，准备好与自我和不愿共享信誉的做法打交道，充分地相信这一理念，并真正投入多个团队所需的资金。

考虑使用非传统的媒介常常会产生有效的传播，并且有时会有突破性的结果。只有那些关注以下这些非传统领域的人才能达到非凡的境地。

（1）事件赞助。相对低调，但能产生名称曝光度和正面联想的效果。例如，2008 年汶川地震发生后，王老吉公司赈灾捐款 1 亿元，从而获得较好的品牌口碑。

（2）俱乐部和使用者方案。提供了新的途径，促使个性化消费者关系的形成。如斯沃琪收集者俱乐部、苹果电脑使用者小组，在建立和保持忠诚的消费群方面发挥着关键作用。

（3）直复营销。使消费者绕过零售商，通过产品目录、电视购物、厂家直购等方式与公司产生直接联系。

（4）公共关系。活动能够以低成本实现曝光度，同时提高信誉。例如，任天堂开发的新一代的视频游戏极具新闻价值，这使得它在新闻和特殊兴趣节目中获得了 3 亿多次的曝光。

（5）公共场合展示。可以形成可见度。例如，斯沃琪曾经在法兰克福和东京的摩天大楼上悬挂一块长达 160 米的巨型表，以此方式向市场推出一款手表；美国纽约帝国大厦亮灯“浙大蓝”，用以庆祝浙江大学 120 年校庆。

（6）促销。会使注意力集中在价格上，因此有可能损害品牌资产，但是此类活动也能支持品牌。

（7）产品展示和陈列店。它是进行品牌个性陈述的独特和有影响力的方式。相关的例子包括苹果电脑的麦克世界展览、通用汽车的未来屋、可口可乐的公路履行宣传车。

（8）包装。这也是许多品牌形象的重要组成部分。例如，奥利奥饼干主要通过富有吸引力的、丰富的包装设计实现形象沟通。

二、标志与比喻

最优秀的品牌战略一般都会拥有强大且容易记忆的标志，有些标志正在使用，有些来自于品牌的传统，其他的也可能是新创造的。试想一下亨氏的“倒得最慢的番茄酱”和天猫商城的猫头像，这些标志都是具有功能性利益的联想。再试想一下品食乐面团宝宝和好事达公司的“真心照料”所关联的情感利益联想，以及“万宝路世界”和蒂芙尼纸盒关联的自我表达利益联想。英国一种顶尖的茶叶30多年来一直在讲述口味的故事，它的电视广告以茶会上的黑猩猩为特色，娱乐性极强。

强大的比喻还能影响沟通费用。苹果电脑使用“桌面出版”的比喻（不幸的是并没有拥有该功能）来传达麦金塔电脑的用户友好和图形处理能力。当这些比喻被接受，成为顾客头脑中不可分割的内容时，就不仅能提高回忆度，还能塑造消费者看待产品类别和品牌的方式。

三、测试

如果要求不太严苛，大多数沟通活动都可以进行测试。测试可以在实验室条件下进行，也可以在现实中进行。虽然测试花费的资金和时间有时显得过多，但仍然物有所值。

在实验室测试时，可以把即将应用的广告、包装、设计、事件赞助概念或其他沟通备选方案展示给目标受众成员，获得他们的反馈信息。借助现代化的图形处理能力，一系列的选项都可以在高仿真的图形环境中进行测试。测试目标之一不仅仅是确定身份或定位的正面影响，还要去发现不可预料的负面反应。例如，如果背景失误，美林证券的公牛可能被视作危险、难以控制的，而不是强壮、有进取心的。

实地测试更可靠，但投入也更高，可以测试的选项也非常有限。一家冰激凌公司通过研究对照组超市（每组中有一家超市位于测试城市，该城市处于新的传播活动范围中，而另一家位于毗邻的城市）的销售额，测试了沟通费用大幅上涨的成效。稳定的结果给了公司信心，进而拓展了品牌建设战略。

第三节　网络品牌形象实施追踪

追踪可以基于定量调查，结构性问题和指标可以评估品牌定位方面的努力如何影响到消费者的感知。追踪还可以基于定性调查，通过定期焦点小组讨论或深度访谈，系统地归纳出消费者感知。定性调查的关键是以典型的目标受众为调查对象，并知道问什么问题。丰富、有质感的品牌形象使得与消费者的对话超出了功能性利益，并能够更深层次地理解消费者关系，这正是它的价值所在。

一、品牌战略分析

无论从哪种意义上讲，品牌形象、价值主张和品牌定位，即品牌代表什么以及对消费者的承诺，都是一个战略性的决策。因此，拥有战略视角是必须的。品牌需要为未来选择市场并积累资产，而不仅仅是拘泥于解决当下问题的战术性方案。

品牌战略需要从 3 个角度来考虑：消费者分析、竞争者分析和自我分析。整体来看，品牌战略的目标是创造生意，与消费者产生共鸣，避开竞争者的强项而开发其弱项，发展自身的优势而避免自身劣势。为了创造这种生意，深刻理解这 3 种分析所揭示的观点是非常必要的。如图 7-2 所示。

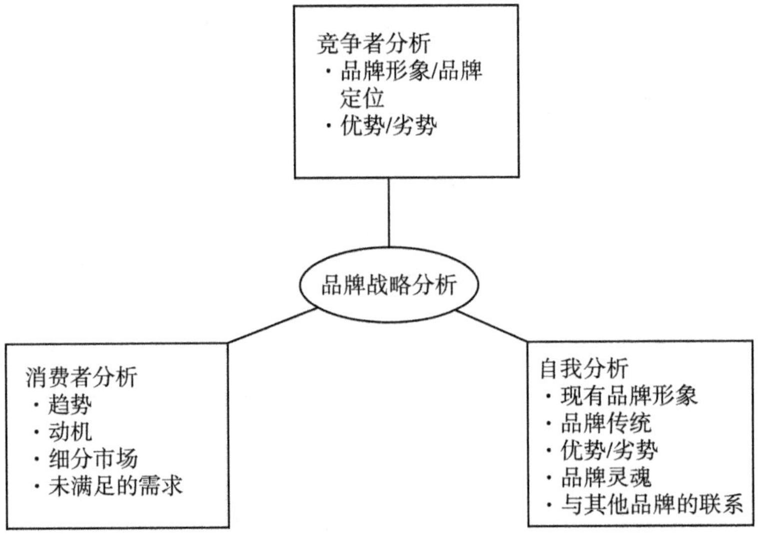

图 7-2　品牌战略分析

更确切地说，品牌战略分析的主要目标是促进并提升品牌相关的战略决策，比如品牌形象详细描述、品牌相关的产品类别、品牌在组织品牌系统中的角色以及支持品牌的投资水平。战略品牌分析的另一个目标是找到关键的战略不确定因素，它会影响到品牌战略。例如，一种新的产品是否会被市场接受销售成长，抑或销售萎靡、局限在利基市场，这就是一种战略性不确定因素，它有助于确定哪些信息优先收集并进行分析。

（一）消费者分析

消费者分析将消费趋势、动机、细分市场结构和未满足的需求等分析富有成效地组合起来。

1. 趋势

研究市场动态是着手消费者分析的一个良好开始。消费者有哪些购买趋势？这个问题看似简单却非常有力，因为它使人们洞察到变化的动机和新兴的市场细分，这些变化都具有重要的战略意义。

对分市场销量趋势和盈利前景的分析也可以提供洞察。哪些分市场的销量正在增长，哪些在衰退，为什么？以咖啡市场为例，人均日销量从 1962 年的 3.1 杯降到 1993 年的不足 1.7 杯。虽然麦尔维尔（卡夫）、希尔斯兄弟（雀巢）和福格斯（宝洁）这些主要超市品牌因为衰退遭受了损失，但专业咖啡豆（供点子咖啡研磨机使用）、高品位咖啡品牌和咖啡屋市场的增长和利润率却非常可观。

2. 消费者动机

消费者分析的目标是决定哪些功能、情感和自我表达利益在驱动消费者购买和使用品牌。定性研究通常旨在探究与产品类别相关的情感利益和自我表达利益，以便透过表象，探寻那些消费者没有注意到，却影响品牌选择和使用体验的领域。

功能利益的评估涉及三个方面的问题，即：

（1）哪些功能利益与消费者相关？

（2）各种功能利益的相对重要性如何？

（3）如何根据功能利益对消费者进行分组？能否发现利益细分市场？

一般来说，战略制定者将列出数十种功能利益，有时候多达 50 种甚至更多。下一步的任务是把清单缩减成少数几个主要的动机类别（或指标），并概括出消费者如何组织信息并对该产品类别中的品牌形成不同的态度。许多产品类别都有 2 种、3 种或 4 种这样的指标，它们对形成品牌战略的选择方案十分有用。例如，酒类行业有 3 种指标：个人奖赏和放松（独处时获得的利益）、自我表达利益（在社交环境中消费该品牌获得的利益）和价值/质量定位。炫耀性品牌会聚焦于自我表达利益，并拥有高价位；行家品牌强调个人奖励和放松，价位也比较高；低价品牌则聚焦于成本敏感性细分市场。市场的平衡就在于确定这 3 种指标的有机组合。

消费者分析的另一个目标是找到一种动机，它可以成为支持特定品牌的独特优势。IBM 发现消费者想拥有全键盘小型笔记本电脑，便采用了一种蝴蝶型折叠设计，提供了这种特殊产品。

3. 细分市场

如何细分市场？不同的细分市场对于传播方案的反映可能各不相同，因此也可能要求不同的定位战略和品牌形象。因此在旅馆行业中，希尔顿可能希望在商务、休闲和传统细分市场上拥有不同的定位。

市场细分方案有无限多种。一般而言，最有效的方案包括按照利益追求、价格敏感、品牌忠诚度和实用性进行细分。细分的任务是要考虑哪些目标市场对品牌最有吸引力，与品牌形象的开发最为相关。

4. 未满足的需求

考虑现有产品没有满足的消费者需求具有特别的作用。未满足的需求具有战略上的重要价值，因为它们给期望在市场上大展身手的公司提供了机会。例如，九阳公司在 2009 年通过一个全国范围的消费者需求调研，包括入户深度访谈与焦点小组，深入了解到尚未满足的需求。获知消费者对于清洗、干豆等功能需求旺盛，九阳公司从而开发出满足自动清洗与干豆功能的豆浆机，进一步夯实了在豆浆机市场的领导地位。

（二）竞争者分析

竞争者分析研究主要竞争对手的品牌印象/定位及其优势和弱点，其目的不仅是评估现状，更是要发现未来的发展轨迹。

1. 竞争者品牌印象/定位

品牌形象所需的基本决策信息之一就是消费者如何感知竞争者品牌，特别是品牌提供的利益、品牌-消费者关系和品牌个性。了解消费者如何感知竞争者是开发优势点的关键。网络印象的数据有两个来源：消费者和竞争者的传播沟通。

消费者是竞争品牌现有品牌印象的最佳来源。品牌印象的信息可以通过定性（由消费者讲述感知）和定量两种调查方法获得。无论采用何种调查方式，品牌印象都可以成为市场细分的一个因变量。

了解竞争品牌希望被如何感知也很有用。尽管通过年度报告和其他战略计划可以洞察到些许，但有关竞争者品牌形象的最佳信息来源还是它的广告和广告计划。竞争者广告的概貌常常能透露出很多内容。

2. 竞争者定位分类

对于竞争者定位的详尽分析通常能提供有益的洞察。在一个行业中，定位的战略是有限的，因此有必要进行一项演习，就是根据广告把定位战略相似的公司归类，形成一个“品牌图景”。任何定位战略都需要与这一现存的结构相关，即使是开疆辟土也应该如此。

当一家企业选择自身的定位战略时，可以先评估每一类定位的竞争力，然后再决定是否采用或加入某一类战略，或是采用新方法。如果该类别有下面的情况，就应该避免采用这一定位方法：

（1）竞争者数量众多。

（2）某个竞争者的市场份额和分销能力非常强。

（3）竞争者的定位非常优秀。

3. 竞争者的形象变化

在战略品牌计划中，不仅要考虑竞争品牌目前的形象，也要考虑过去的改变以及未来可能发生的改变，这些都非常重要。对于变化原因的探究可以获得有关竞争环境的有益信息。例如，宝马汽车一直以来的定位都是“终极驾驶工具”——最顶级的车子。1990年这一概念遇到了困扰，部分原因在于20世纪80年代所谓雅皮士的生活方式不再受到推崇。因此，宝马推出了较便宜的新车型，并通过强调价值和安全性能，以及宝马传统的价值体验，实现了品牌定位的“非雅皮化”。

4. 竞争者的优势和劣势

探究竞争者的优势和劣势是另一种视角。以价值定位和竞争者的优势相对抗是危险的。品牌及其形象、定位和执行都必须是非同寻常的优秀，并且没有太多犯错的空间。攻击敌人城堡防卫薄弱的地方会更容易得手，因为我们对敌人的弱点更感兴趣。

例如，阿科被认为是一个低价位的石油品牌，它不接受信用卡，对那些价格敏感的消费者有吸引力。阿科这个组织的所有元素——员工、系统、规划和文化都支持低成本的运作模式，包括其来源于阿拉斯加的原油也是如此，因此产生的劣势就体现在其加油站的外观和运营商。如果一个竞争者能够说服消费者用不同的方式来看待汽油购买，比如考虑一下加油站的体验，就有可能形成自身的优势，吸引阿科的原油消费者。

（三）自我分析

品牌形象开发的一个重要信息来源是对品牌和组织自身的详尽分析。需要探查的方面包括以下几个方面：目前的品牌形象，品牌传统，品牌优势与劣势，品牌和组织的灵魂，与其他品牌的联系。

在上述各方面，都可以从品牌作为产品、组织、人和符号四个视角来进行研究。

1. 目前的品牌形象

对品牌目前印象的自我分析可以询问以下问题：公司品牌如何被感知？有哪些联想与该品牌相关？品牌如何与竞争品牌相区隔？品牌印象随着时间发生了什么变化？针对不同细分市场的品牌印象是否有差异？消费者感知他们获得了什么利益？品牌有个性吗？如果有，是什么？有哪些无形的功能与属性？是否出现了作为组织的品牌？如果有，是什么？品牌引起了什么视觉形象？

在评估品牌印象时，我们需要确保研究和分析超越产品属性的范畴，延伸到其他的联想，如使用环境、使用者形象、组织联想、品牌个性、品牌-消费者关系以及情感和自我表达利益。最常见的失败就是太过专注于产品属性和功能利益。

2. 品牌传统

除了市场感知，了解品牌的传统也是有益的。品牌早期的先驱是谁？品牌是如何创建的？品牌最初的形象是什么？了解品牌最初的寓意能够帮助我们洞察品牌形象应该包括哪些内容。

品牌传统分析有助于让我们从战略层面认识到如何让品牌重回正常轨道。许多品牌偏离了传统之后都陷入了困境，而回归传统能使品牌焕发力量。例如，棕榄的传统是根植于棕榈树、橄榄油和神秘沙漠的形象，当它发现其传统仍然存在于市场上，就把握这一关键，重新获得了生机。

3. 优势/劣势

为实现持续发展，品牌形象需要得到组织优势的支持，有时这些优势需要挖掘。首先需要确定现有产品、服务及整个组织的优势和劣势：我们擅长什么？在哪些方面有缺憾？公司需要将理想的品牌形象与组织现有资源、能力和优先计划所能实现的形象区分开来，试图开发在市场上得不到支持的形象只能是徒劳。

4. 品牌的灵魂

什么是品牌或组织的灵魂？什么是品牌的愿望？是梦想吗？大多数强势品牌都有一个灵魂（品牌的基本价值观），这给生意赋予了个性和意义。有些基本的自省可能对自身而言比较困难，却具有启迪的意义。

5. 与其他品牌的联系

在孤立的环境下是无法进行品牌定位决策的。篮球运动员的表现必须根据他在团队中的特定角色来判定——对前锋和后场防守队员的判断是不同的，品牌也需要和其他品牌放在一起考虑其角色和作用。

二、品牌战略分析的阶段

品牌战略分析可以从逻辑上分为几个阶段。在第一阶段，品牌的分析基于现有的内部信息：既有的消费者调查、市场和品牌销售数据与模式、品牌的历史定位、已知的竞争者形象展览。在这一阶段的分析中，组织中了解品牌和市场的工作人员应该以现有信息精心进行一次透彻的品牌战略分析，确定品牌形象的选项，同时还能确定一些定位和执行路线。

第二阶段，是利用各种渠道和原始消费者调查等方法收集信息。其目标是填补信息空白，探究品牌的可能性选项。

第三阶段，将会确定目标品牌形象、价值主张、品牌-消费者关系和品牌定位。在这个阶段中，另外一组消费者的调查将会对测试和提升非常有用。这些研究不仅可以探索战略选择，而且有助于实施战术。

三、品牌形象和定位的力量

精心构思并实施的品牌形象和定位可以成为公司的强大资产，变成持续优势的源泉，并有助于管理品牌。下面详细介绍品牌形象和定位能够发挥怎样的作用。

（一）指导并强化品牌战略

品牌形象和定位所起的作用不仅可以帮助消费者组织有关品牌的信息，还能帮助经理们系统化品牌战略。对品牌形象和定位了然于胸的经历能够保证迅速有效地选择合适的品牌活动，也能确保公司的广告代理商以及其他市场沟通机构同样熟悉品牌形象。

创建并管理品牌是有难度的，因为它牵涉不同的组织。促销、包装、广告、直销事件赞助、店内陈列、渠道管理和消费关系通常由不同的人来负责。如果没有清晰、强大的品牌形象和定位，在不同的职能之间保持信息的一致非常困难。

品牌形象和定位还有助于激发经理们产生创新的、适宜的市场战略。例如，创造马自达米埃塔的目标是体现20世纪60年代跑车的特征，这一设计为未来营销战略和主题进行头脑风暴提供了清晰而多彩的基础。因此，与操控和性能的联想将优于先进科技和安全方面的联想，在汽车和时尚杂志上的印刷广告要比新闻和商业杂志上的广告更合适。该品牌的发言人说，一位跑车驾驶者将比居家男人或年轻体育明星更能体现品牌战略。

（二）提供延伸选择

一些品牌形象具有局限性，然而，以相关联想来丰富品牌形象通常可以形成延伸选择。例如，寄宝只和巧克力曲奇，甚至是一般曲奇相关联，其品牌潜力就会受到局限。然后，寄宝的小精灵形象（融合了家庭式烘焙的感觉和一丝的魔力与趣味感）给了品牌更广的空间，使品牌可能延伸至其他烘焙食品。如果家庭制作的魔法和乐趣被视为一种利益的话，还有可能延伸到其他食品类别。

（三）提高记忆度

强大而持续一致的品牌形象和定位更易被记住。与人类似，有趣的品牌总比乏味的品牌容易记忆，没有个性的品牌不太容易被回忆起来。

由多种协调一致的元素构成的物体也容易被回忆起来。心理学家把人的心智模式化为一个多节点相连的网络。只需要想起一个节点，与之相连的事物就会进入脑海。因此，麦当劳可能会因为任何一个与它相关的联想而被人想起，比如巨无霸和麦当劳叔叔。因为麦当劳有许多这样的联想，并且紧密相连，所以麦当劳与其他联系节点少的品牌相比更易于让人记忆起来。

与此同时，我们知道消费者对有明显符号的产品记忆更深。如果符号对个人具有意义并且与视觉形象相连，它的作用会更加强大。从本质上看，符号就是心智网络上一个容易触及的节点。

（四）为组织增加意义和关注点

品牌形象和定位在组织内部的影响力通常都被忽略。如果品牌形象和定位清晰明了，它可以帮助所有员工，从消费者服务代表到新产品开发人员，按照核心战略的标准来检验他们的行为。因此，在福特公司，“质量是第一要务”这一信条反映了组织核心价值观，同时还向组织内部和外部传递了这一价值观。

从本质上看，形象与定位是一个自我实现的预言。如果你拥有高品质服务的形象，员工会认识到服务在组织内部是优先考虑的，也期望外部人员具有同样的认识。所以，他们会理解工作重点应放在哪里，同样重要的是，他们希望获得归属感。

品牌形象与定位还可以激发员工产生自豪和目标感，甚至影响到供应商和分销渠道成员，其效果远远超越短期的财务目标。

（五）提供竞争优势

品牌形象可以提供价值主张，优于其他品牌的信誉，建立与消费者关系的基础。在实现上面某种或者多种职能时，品牌形象与定位均可以提供竞争优势。另外，品牌形象的丰富性，即其复杂的意义网络，可以使它与竞争者区别开来，并且难以模仿。

在开发品牌形象、定位与执行时，核心思考是要明白何时改变以前的内容。事实上，品牌从无到有只能经历一次。更多的时候，品牌形象、定位和执行都是在现有框架下进行的。

☞ 关键术语

网络品牌定位	目标受众	品牌战略
竞争者分析	自我分析	消费者分析

☞ 思考题

1. 试论述网络品牌定位的主要内容。
2. 进行品牌定位时，有哪些元素需要引起关注？
3. 试论述品牌定位陈述时应该强调哪些方面的问题。
4. 试论述网络品牌形象的实施过程。
5. 如何解读网络品牌战略分析以及品牌战略分析的阶段？
6. 试分析品牌形象和定位能够发挥怎样的作用。

第8章　网络品牌危机管理

【学习目标】

掌握网络品牌危机概念、特征及具体表现
掌握网络品牌危机的类型
掌握网络品牌危机预警系统
掌握网络品牌危机处理概念、原则及基本程序
掌握网络品牌危机处理对策
掌握网络品牌公共策略

【章节纲要】

本章主要分四节介绍网络品牌危机管理相关知识。第一节主要介绍网络品牌危机相关知识；第二节主要介绍网络品牌危机预防相关知识；第三节主要介绍网络品牌危机处理相关内容；第四节主要介绍网络品牌危机利用相关知识。

第一节　解读网络品牌危机

一、网络品牌危机管理内涵

(一) 网络品牌危机管理的定义

危机管理最早由史蒂文·芬克在《危机管理——为不可预见危机做计划》中进行系统的阐述。危机管理在中国起步较品牌危机管理晚，20世纪90年代才开始传入中国。对企业进行危机管理已经是相当一部分企业的共识，例如海尔、华为等一些企业就很重视危机管理。危机在我国是一个普遍现象，据零点调查最近公布的《京沪两地企业危机管理现状研究报告》显示，京沪两地半数企业处于危机状态。品牌作为企业的一项无形资产，如何不让危机波及企业的品牌？这就涉及危机中的品牌管理。

品牌是企业的一项重要资产，品牌资产来源于品牌联想。品牌危机由品牌事件演化而成，是品牌联想朝着不利于品牌的方向变化的状态。品牌事件演化为品牌危机，是由于企业与公众的认知不一致，从而导致企业行为与公众期望的冲突。如果

品牌事件能得到很好的处理，品牌事件就不会演化为品牌危机。因此，对品牌事件的处理总是会影响品牌事件的走向。

网络品牌危机是指由于企业外部环境的突变和品牌运营或营销管理的失常，而对网络品牌整体形象产生不良影响，致使企业感到窘困的状态。网络品牌危机管理是指企业在网络品牌经营过程中针对该品牌可能面临或正在面临的危机，为实现网络品牌资产保值增值，所进行的包括危机防范、危机的处理及危机的利用等一系列管理活动的总称。品牌危机管理的内容主要包括危机预防、危机处理和危机的利用。

有效的网络品牌危机管理应做好：转移或缩减危机的来源、范围和影响，提高危机初始管理的地位，改进对危机冲击的反应管理，完善修复管理，以能迅速有效地减轻危机造成的损害。

（二）网络品牌危机的具体表现

网络品牌一旦发生了品牌危机，带来的威胁较大，通常会有如下一些表现：

（1）品牌形象受损。由于不利条件的发生致使形象和增值效应受到破坏，品牌的经济和战略优势大大降低。

（2）消费者信任度下降。品牌危机事件的发生，会使得消费者对产品产生一定的物质（对品牌或品牌商品功效失去信心）或非物质（对品牌接受度的降低）的联想，从而会导致消费者对该品牌信任度的降低。

（3）销售利润率下降。品牌危机会影响商品的市场表现，商品销售量下滑，销售成本增加。此外，为了应对危机还会付出额外的费用，也增加了企业经营成本，从而导致商品销售利润率下降。

（4）企业内部人员流失。品牌危机的出现，会影响到企业的正常运营，员工情绪也会受到影响。尤其当品牌危机处理不当时，员工对企业管理层会丧失信心，对企业的忠诚度会下降。

（5）媒体的负面报道。媒体总是同情弱者，品牌危机出现后，媒体大多会站在公众的角度，发表一些不利于企业形象的报道。

（三）网络品牌危机的特征

根据网络品牌危机发生的上述表现，可以发现无论是哪种网络品牌危机的表现形式，都会具有如下显著的特征：

（1）突发性。无法确定危机是否发生，更无法准确获知危机发生的具体时间、形式、强度和规模等。

（2）危害性。网络品牌是脆弱的，其品牌形象的构建比较困难，却很容易受到破坏，品牌的脆弱性会导致危机具有严重的危害性。

（3）冲击性。品牌危机来势汹涌，发展迅速，并伴随着强烈的冲击性，对于品牌威胁巨大。

（4）被动性。品牌危机的出现多是被动发生的。对于企业而言，不会主动去制造危机。危机事件的发生，并非企业并主观意愿所致。

（5）蔓延性。品牌危机一旦发生，如果无法及时得到解决或控制，将会快速蔓延开来，其危害的广度与深度将在短时间内不断扩散。

二、网络品牌危机的类型

根据不同的划分标准或依据，网络品牌危机的类型有不同的分类结果。

（一）依据从属关系

根据从属关系的分类视角，网络品牌危机可以分为两种类型，即：产品质量问题引发的危机和非产品质量问题引发的危机。

顾名思义，因产品质量发生了问题，导致品牌危机的发生或出现，即为产品质量问题引发的危机；由产品质量以外的原因导致的品牌危机事件的发生，便属于非产品质量问题引发的危机。

这两类品牌危机的影响也不同，产品质量问题引发的危机将直接引发消费者不信任和不再购买该产品；非产品质量问题引发的危机将会降低对品牌的关注程度，模糊消费者的品牌认知。

（二）依据表现形态

从危机的表现形态来分类，网络品牌危机可分为突发型和渐进型。若对其再进行细分，突发型品牌危机与渐进型品牌危机又会有更细的分类结果。

1. 突发型品牌危机

（1）形象类突发型品牌危机。品牌形象力的减弱现象，往往由反宣传事件引发。反宣传事件一般有两种，一种是对品牌的不利情况报道，另一种是对品牌的歪曲失实报道。

（2）质量类突发型品牌危机。由于企业自身失职、失误或内部管理工作中出现纰漏，而造成产品在质量上出现问题，从而引发品牌危机。

（3）技术类突发型品牌危机。已投放市场的产品，由于设计或制造技术方面的原因，而造成产品存在缺陷，不符合相关法规、标准从而引发品牌危机。

（4）服务类突发型品牌危机。企业在向消费者提供产品或服务的过程中，由于内部管理失误、外部条件限制等因素，造成消费者不满，从而引发品牌危机。此类危机与企业品牌意识和服务意识相对薄弱有关。

（5）品牌的法律权益受到侵害。品牌资产中一个重要的组成就是品牌法律权益。品牌商标一旦被假冒和盗用，就会出现严重的品牌危机，甚至拖垮品牌。在中国，许多企业的品牌商标被其他企业或机构抢注，许多国内知名企业的品牌商标还被国外企业抢注。

2. 渐进型品牌危机

渐进型品牌危机的发展是循环渐进的，容易被忽视，但一旦爆发则具有毁灭性。

(1) 品牌战略制定和执行失误。包括品牌战略展望提出的失误，目标体系建立的失误，品牌策略的制定和品牌策略的执行的失误。

(2) 品牌延伸策略失误。①品牌本身还未被广泛认识就急于推出该品牌的新产品；②品牌延伸后出现新老产品形象定位相互矛盾；③延伸速度太快，超过品牌支持力。

(3) 品牌扩张策略失误。品牌扩张策略主要有两种：一是收购品牌，二是自创品牌。品牌扩张的风险有消费者需求重心的转移、国家及地方政策的影响等。

(4) 品牌内外部环境恶劣。内部环境指品牌持有公司的内部状况；外部环境主要包括消费者、竞争对手、分销商、市场秩序、舆论与宏观环境等因素。

三、网络品牌危机的原因

危机之一：品牌盲目延伸。
危机之二：品牌个性定位不准确。
危机之三：产品销售对象扩大化。
危机之四：过度的广告投入。
危机之五：售后服务质量不断下降。
危机之六：品牌的高知名度和低美誉度。
危机之七：过度的价格战。
危机之八：品牌及企业缺乏诚信。

第二节　网络品牌危机预防

品牌危机虽然无法预见在何时何地发生，但可预见其迟早可能发生。有汽车就该想到会有交通事故发生，有水就该想到会淹死人，种田的应该想到天灾，搞经营的就要想到各种可能损害企业的不利因素。预见品牌危机的价值在于，它为预防、避免品牌危机，化解品牌危机做了必要的准备。没有预见，就无法预警。要确保品牌不丢，就要有风险意识。正如古人所说："思其所以危，则安矣；思其所以乱，则治矣；思其所以亡，则存矣。"

一、网络品牌危机预警系统

危机预警系统就是运用一定的科学技术方法和手段，对企业生产经营过程中的变数进行分析及在可能发生危机的警源上设置警情指标，及时捕捉警讯，随时对企业的运行状态进行监测，对危害自身生存、发展的问题进行事先预测和分析，以达到防止和控制危机爆发的目的。品牌危机管理的预警系统应包括四个方面：

第一，组建一个由具有较高专业素质和较高领导职位的人士组成的品牌危机管理小组，制定和审核品牌危机处理方案，清理品牌危机险情，一旦发生品牌危机及时予以遏制，减少危机对品牌乃至整个企业的危害。

第二，建立高度灵敏、准确的信息监测系统，及时收集相关信息并加以分析、研究和处理，查漏补缺，全面清晰地预测各种品牌危机情况，及早发现和捕捉品牌危机征兆，为处理潜在品牌危机制定对策方案，尽可能确保品牌危机不发生。

第三，建立品牌自我诊断制度，从不同层面、不同角度进行检查、剖析和评价，找出薄弱环节，及时采取必要措施予以纠正，从根本上减少乃至消除发生品牌危机的诱因。

第四，开展员工品牌危机管理教育和培训，增强全体员工品牌危机管理的意识和技能，一旦品牌危机发生，员工应具备较强的心理承受能力和应变能力。

二、构建网络品牌危机预警系统

（一）建立虚拟化危机处理支持网络

（1）内部网络：公关部门、质量部门、生产部门及营销部门。

（2）外部网络：媒体合作伙伴。

（二）建立品牌危机预警系统及预警指标体系

1. 预警系统

对品牌创建、培育和维护实施全过程、全方位监控，并对可能出现的危机预先发出警报的管理系统。

2. 预警指标体系

预警指标体系给品牌危机管理提供认识品牌危机的定量方法，从而具有可操作性。品牌预警系统的检测指标体系应当由四个部分组成：品牌资产状况检测指标体系、品牌管理状况检测指标体系以及品牌内外部环境检测指标体系。

3. 培育企业危机管理文化

品牌危机预警是品牌危机管理的第一步，也是品牌危机管理的关键所在。品牌危机预警主要是指人们对品牌危机的认知，表现为具有很强的品牌危机意识以及在认知基础上构建的预警系统。企业文化通过培育员工品牌危机意识和质量文化，以此支撑企业品牌危机预警系统，从而对企业品牌危机管理产生重要作用。

（1）企业文化通过树立和强化企业员工的品牌危机意识，以此实现对品牌危机预警系统的支持。

对于企业来说，没有品牌危机意识，单纯的硬性品牌危机防御体系是无力的。只有超前的、无形的、全面的品牌危机意识，才是企业品牌危机管理中最坚固的防线。企业文化对品牌危机意识的强化，表现在企业整体的品牌危机意识和员工个人的品牌危机意识两个方面。企业内部倡导品牌危机意识的企业文化，能够使品牌危机意识在所有员工内心中形成一种潜意识，有利于培养出一支品牌危机意识强的员工队伍，从而使企业在品牌危机发生时，快速认知和迅速反应，为捍卫企业品牌而努力奋斗。

（2）企业文化通过培育质量文化来实现对品牌危机预警系统的支持。

质量文化是企业在社会环境的影响下，在长期生产经营活动中，由领导、职工认同而形成的群体质量意识、质量精神、质量行为准则和质量价值观等“软件”，以及企业所提供的产品或服务质量等“硬件”的总和。企业文化，尤其是企业价值观，是质量文化建设的出发点。在质量改进活动中，企业价值观通过潜移默化的方式沟通职工的思想，从而使其产生对企业质量目标、质量观念和质量行为规范的认同感，并逐渐养成对客户负责、对社会负责、对自己负责的质量行为，从而提高产品质量，降低品牌危机发生的概率。

（三）危机预警系统的建立过程

第一步，确定企业需要对哪些危机建立预警系统。

第二步，评估危机风险源、危机征兆、危机征兆与危机发生之间的关系。

第三步，根据评估结果，确定危机监测的内容和指标，并确定危机预警的临界点。

第四步，确定建立什么样的危机预警系统，需要配备哪些资源。

第五步，评估危机预警系统的性能，了解系统的特性。

第六步，为危机预警系统的使用和维护配备适当的人力资源，并制定相应的规章制度。

第七步，向需要接收危机警报的公众说明危机预警系统的原理与使用方法，制定危机处理计划。

第三节　网络品牌危机处理

一、网络品牌危机处理的含义

危机处理，是指为减少危机的危害，针对突发性的品牌危机事件，根据危机处理计划和危机决策，对危机直接采取处理措施，做出妥善处理，以维护品牌的良好形象。品牌危机需要企业及时处理，针对的危机应该包括可能发生的危机和已经发生的危机，对于这些危机应该采取管理行为，还包括预防危机的发生，在危机发生后能够有效减轻危机所造成的损害，让危机可控地发生。

二、网络品牌危机处理的基本原则

（一）快速反应原则

（1）反应迅速。在最短时间里介入危机，尽可能争取媒体甚至政府部门的声音，帮助自己说话，避免事态扩大。

（2）首先到位。快速消除公众对品牌的疑虑。

（3）抓住首个24小时。

（二）统一原则

（1）统一行动。指挥协调统一，宣传解释统一，行动步骤统一，不可失控、失真、失序。

（2）统一发言。明确怎么去说、谁来说、跟谁说，内部要确定统一的发言人，其能灵活处理受众反应。

（三）全员参与原则

（1）群防群治，群策群力。全体员工积极参与，努力工作，为解决品牌危机贡献自己的一份力量。

（2）做好内部公关。制定公关方案，统一对外口径。向企业内部成员通报有关危机的真相和处理进展，号召员工团结一致，共渡难关。

（四）真诚原则

（1）及时向消费者道歉。主动承担责任，以显示对消费者、受害者的真诚，以赢得舆论的广泛理解和同情。

（2）真诚坦率。危机信息的披露要充分、全面，态度应真诚、坦率。

（五）主动原则

（1）直面危机。要阻断并控制危机蔓延和扩散的速度及范围。

（2）任命专门负责的发言人，主动与新闻界沟通。

（3）开辟高效的信息传播渠道。

（4）专人24小时监控媒体舆论，随时根据新的状况发出自己的声音。

（六）责任原则

（1）主动承担责任。本着人道主义原则，对造成的财产损失给予相应补偿，对造成身体伤害的人员及时治疗。

（2）表现出对受害方的人文关怀精神，最大限度地减少对消费者的伤害。

处理危机过程涉及事件责任问题时，在未有权威结论之前，企业领导和有关人员既不能推诿责任，也不能随意承诺，更不能不负责任地去猜测事件的原因和责任人。

Regester曾提出著名的危机沟通“三原则”：以我为主提供情况；提供全部情况；尽快提供情况。

三、网络品牌危机处理的基本程序

（1）调查情况，掌握事实。

（2）以最快的速度启动危机处理计划。

（3）成立危机处理小组。

（4）对危机进行确认和评估。

（5）开辟高效的信息传播渠道。

（6）实施适当的危机处理策略。

（7）充分发挥公证或其他权威性的机构对解决危机的作用。

（8）做好善后处理工作，维护企业形象。

四、网络品牌危机处理对策

（一）在企业内部

（1）立刻组建危机管理小组。

（2）迅速把握事态的发展，制定总体方案并通告全体员工，统一口径，协同行动。

（3）制定处理危机的基本方针和基本对策，及时向外界公布危机的真相。

（4）稳定局势，管理员工队伍。

（5）员工如有伤亡，应立即通知其亲属，并提供一切条件，满足员工家属探视或吊唁的要求，还要尽到企业周到的医疗和抚恤责任。

（6）挽回影响，追查原因。

（二）对受害者

（1）认真了解受害者的情况，实事求是地承担相应的责任。

（2）冷静地倾听受害者的意见，了解和确认有关赔偿损失的要求。

（3）把握分寸，表现风格。

（4）提供善后服务，尽最大努力做好善后处理工作。

（三）对新闻媒体

（1）统一发言口径。

（2）语言表达应当给人留下深刻印象，说明危机时应简明扼要。

（3）公布危机最好是企业最高领导，如董事长、总经理等。

（4）一方面要主动向新闻媒体提供真实、准确的消息；另一方面对重要事项应以书面材料的形式发给记者，避免报道失实。

（5）对新闻媒体表示合作、主动和自信的态度。

（6）从公众的立场和观点出发，注意引导新闻媒体进行报道。

（7）及时采取新闻补救措施，注意避免发生冲突。

（四）对上级主管部门

（1）及时汇报。

（2）定期和及时联系，求得上级主管部门的支持。

（3）危机处理后，形成详细报告汇报给有关主管部门。

（五）对协作单位

（1）尽快如实地传递危机发生的信息。

（2）以书面的形式通报正在采取何种对策。

（3）当面解释，如有必要，选派员工到各单位巡回解释。

（4）定期向各界公众传达处理经过。

（5）危机处理后，用书面的形式表达诚恳的歉意。

（六）对消费者及其团体

（1）疏通零售点渠道。

（2）疏通媒体广告渠道。

（3）热情接待消费者团体及其代表。

（七）对企业所在社区居民

（1）企业出面登门道歉。

（2）发表谢罪广告。

（3）根据实际情况，赔偿他们必要的经济损失。

第四节　网络品牌危机利用

一、网络品牌危机总结

（1）调查分析，对引发危机的成因、预防和处理措施的执行情况进行系统的调查分析。

（2）评价，对危机管理工作进行全面的评价。

（3）修正，对危机涉及的各种问题综合归类，分别提出修正措施。

（4）前瞻，危机之中往往孕育着转机，企业应将危机产生的压力转化为动力，驱使自己不断谋求技术、市场、管理和组织制度等系列创新。

二、网络品牌危机利用

（1）及时沟通。

（2）做好危机后品牌形象的调研、分析和评价。

（3）加大力度，重塑品牌新形象。

三、网络品牌危机复原

（1）了解危机给品牌形象造成了多大的影响。

（2）了解品牌美誉度及忠诚度受损程度及恢复情况。

（3）把危机来源及危机处理过程加以总结，强化这方面的工作，必要时，通过制度建设堵住危机发生的漏洞。

（4）切实落实兑现承诺。

（5）进行品牌更新。

四、网络品牌公关策略

品牌危机一旦发生，我们就要遵循品牌危机管理纲要，在企业、受害者和社会公众三方面利益协调一致的前提下，为企业制造舆论、恢复声誉形象。可以说，危机公关的成败很大成分源于危机公关传播是否成功。危机发生之后，最迫切的任务就是表明企业的立场，通过传播媒介来阐明企业对于危机事件的基本态度与原则，表达企业对于危机事件的关注是非常迫切的事情。有效的危机公关传播，应该遵循“以人为本”的基本企业原则，坦诚地承认自己的错误，虚心接受公众的批评，并有积极的挽救或改进措施，达到企业、受害者和社会公众之间的沟通理解，化解彼此间的误解或敌意，再建立起企业与公众之间的信任关系。

（一）策略一：企业管理高层人物出面

危机公关传播的主角应该按照危机的影响程度和范围来确定。一般选择与危机影响相适应的管理层次出面是比较合理的，往往越是高层人物出面对于危机的消除益处越明显。企业应该在日常危机预防工作中明确各种层次的危机应对方案，这样就会有针对性。因而设立应付危机的常设机构——危机管理小组就是非常有必要的。它可以由以下人员组成：企业领导人、公关专业工作人员、生产与品质保证人员、销售人员、人事内勤人员、消费者热线接待人员等。

危机管理小组应保持其独立的具有足够权威的发言权，同时应保证其畅通的联系渠道，使公关信息在企业内部传达顺利。尤其是要指定一位熟悉企业实际情况并对公共关系工作运用老练的管理层人士作为企业危机公关的新闻发言人。危机来临时刻，企业内部很容易陷入混乱的信息交杂状态，不利于形成有效的危机传播，因而形成一个统一的对外传播声音是形势要求的必然结果。只有经过他发出的声音才是企业最终决定，才是向新闻媒体公开的内容，其他人决不能够随意代表企业发表意见，只能维护、服从新闻代言人的权威。危机管理小组日常应考虑的问题是：组织危机应变能力如何；最有可能产生的危机内容有哪些，是否有相应的准备；如果所预测的危机一旦爆发，具体的应对措施与程序如何，等等。这样，一个简单的顾客投诉，完全可以交给各职能部门处理，如顾客投诉产品有不影响正常使用的小缺陷，就可以派一个工作人员予以赔礼道歉及更换产品来解决，不用兴师动众；但如果事情趋于恶化，影响范围扩大，就要由高层出面了。

对于企业来说，管理高层人物的出面，使得品牌危机公关传播的效应更加卓越，对危机处理进程起着关键的推动作用，这是企业组建危机管理机构应该考虑的。

（二）策略二：分清主次搞准向谁传播

企业一定要搞清楚危机传播的对象，开展有针对性、高效率的传播，使传播效应发挥到最大。危机发生后，最关注企业应对举措的不外乎是这么几种人：受害者、新闻媒体、竞争对手、社会公众。受害者，他们是危机的直接受伤害者，对于企业给予一个明确说法的期望值最高，因为企业的态度将直接关系到他们的利益保障。他们会积极地关注企业公关的每一个举措，并会对外发表自己的评价。信息社会里的一个必然现象就是新闻媒体在社会中的地位和作用日趋重要，它们对于企业的评判往往会左右着社会舆论，新闻媒体的舆论口舌将关系着企业的声誉和品牌形象。在我国，新闻媒体的力量前所未有地高涨，它们会比企业更关心危机进程，也更有自以为是的对应措施提示给企业；同时往往会倾向于保护弱者，暗中无形地加大了企业危机管理的难度。这里的一大问题是他们对于企业危机的敏锐反应和过度关注，可能导致报道的失真或非理性化，因而能否争取到新闻媒体的真实客观报道就是危机公关的第一道难题。与新闻媒体的关系处理绝不是一件一蹴而就的事，加强日常的情感联络是非常必要的，这样也有利于企业及早发现投诉事件的苗头，杜绝不利信息在新闻媒体中的传播，不要在危机来临时才想起来。对于竞争对手来说，危机的来临给其一个难得的市场进攻的机会，可能会乘机提高自己的影响而诋毁对手。

事实上，挽救危机的一个关键也是争取危机权威机构的鉴定支持，他们的结论往往是公正评判的最终依据，千万不要自己说自己对。

（三）策略三：准确选择公关传播的时机

危机公关的传播原则应该是迅速而准确，这就有了两种时间选择：危机发生的第一时间和危机真相大白的时候。危机发生后，企业要很快地做出自己的判断，给危机事件定性，确定企业公关的原则立场、方案与程序；及时对危机事件的受害者予以安抚，避免事态的恶化；同时在最短的时间内把企业已经掌握的危机概况和企业危机管理举措向新闻媒体做简短说明，阐明企业立场与态度，争取媒体的信任与支持。要避免一个误区：在真相出来之前，尽量避免接见媒体。其实，就算你不接触媒体，媒体也会编出种种理由作推测，国内不少危机风波的升级不正是没有及时控制不利信息传播的结果吗？不要试图隐瞒，那样只会使事情越来越糟糕，还不如及时与媒体接触，争取它们客观真实地报道。重视危机管理的企业往往会及时设置危机信息传播热线，保证企业内部信息的畅通，回答消费者的质疑，为新闻媒体提供素材，发挥着信息枢纽作用。

千万不要忘记，危机公关的一个重要原则：开诚布公。企业危机公关会伴随着种种猜疑而艰难地进行，企业要注意及时地把最新情况与进展通报给媒体，也可以设立专门的信息沟通渠道，以方便新闻媒体和社会公众探询，为真相大白作铺垫。

（四）策略四：尽可能选择广泛的传播渠道

危机信息的传播不外乎以下几种渠道：广播电视、报纸杂志、互联网、人际口传，即大众传播媒介和人际传播。人际传播也许企业无法控制，但大众传播媒介企业完全可以通过公关活动加以影响。

值得注意的是，一方面是受害者的投诉反映，另一方面是新闻媒体的人为炒作，会导致危机的逐步升级。因而，危机公关传播应该注意及时而有针对性地占领这些传播渠道，使危机信息的传播负面效应降到最低。

（五）策略五：高姿态承担责任是传播的主要内容

危机发生后，公众都在等待企业的表态——是否低姿态地承认错误，是否愿意承担责任，是否愿意改进等，这些应该成为企业危机公关传播的核心内容。实际上，危机公关正是通过这些积极的努力来赢得消费者的谅解与信任的。我们有一种观点：危机公关是良心的公关，是基于企业经营理念的公关。要进行有效的危机公关传播，花言巧语是没有用的，公众也不需要企业的什么花样表演，此时需要的是企业真诚的行动，行动是最关键的，不妨把企业的危机公关进程向公众作一说明，并在实施过程中切实地体现出来。危机公关要杜绝本末倒置、隔靴搔痒的现象，而应该把事情的真实本源与企业最真诚的一面如实反映出来，“用我真心换你真心”，这才是公关活动的本质。不少危机公关失败的案例，往往在此。

要针对企业形象受损的内容和程度，重点开展弥补形象缺陷的公关关系活动，向公众有针对性地打开大门，欢迎公众参观和了解，告诉公众企业新的工作进展和经营状态，以过硬的产品质量和一流的服务重新征服公众。只有当良好的企业形象重新建立时，危机公关才能谈得上功德圆满。

（六）策略六：坦诚地自曝危机真相

对于品牌危机的产生，为了企业的长远发展，企业要问个为什么，同样公众也会问个为什么，双方关注的焦点都在于为什么会发生对各自本身产生影响的危机。这是个敏感问题，企业往往会避而不谈，其实这种想法是错误的，与其掩耳盗铃，还不如真相大白，自曝隐私，袒露出企业的真诚来。危机消除后，企业要善于通过新闻媒体把这个问题公开，如果是自己的责任，则应当勇于向社会承认；如果是别人故意陷害，则应通过各种手段使真相大白，最主要的是要随时向新闻媒体说明事态的发展，澄清无事实根据的“小道消息”与流言蜚语。企业坦诚的结果不仅不会使消费者离去，反而会让关心企业发展的人消除顾虑，重新树立对企业的信心，赢得更多的口碑。

“人非圣贤，孰能无过”。企业也一样，我们不能避免工作中可能产生的失误，但我们要敢于面对自身的失误，分析原因，寻找差距，并及时改进，这是企业最基本的经营理念。

（七）策略七：重视信息传播的主渠道

把企业的观点表达出去，通过什么渠道和以什么方式最合适呢？对于企业来说，危机发生后制定危机问题管理方案是个急迫任务，有效的危机问题管理可以防止危机的进一步蔓延或改变危机发生的过程。因而，企业应对危机时应首先考虑以下几个方面：检查所有可能使公司与社会产生摩擦的问题或趋势；确定需要考虑的具体问题；估计这些问题对公司的生存与发展的潜在问题；确定公司对各种问题的应付态度；决定对一些需要解决的问题采取的行动方针；实施具体的解决方案和行动计划；不断监控行动结果，获取反馈信息，根据需要修正具体方案。其中，最重要的就是把企业的努力传达出去，王婆卖瓜似乎说服力最小，而外部的客观说法，特别是新闻媒体的报道，它们的客观报道会影响很多人的观点。企业要重视这条信息传播的主渠道，要善于向记者公关。

实际上，很多企业会犯这个错误，尤其是当媒体站在受害者的一方而态度对立时，最终受伤害的只能是企业自身。如果条件成熟的话，可以邀请消费者代表赴企业参观，尤其是那些企业的老顾客，让企业自身实力说话，通过他们之口影响到企业无法控制的人际传播范围。

无论怎样，品牌发生了危机，都意味着某些环节出了问题，这是绝对不能回避的；而危机公关传播只是在此前提下采取的挽救活动而已，根本还在于企业是否具有健康向上的经营理念和举措，这是决定传播效应好坏的关键要素。企业的本质应该是“为人民服务”，“以人为本”，任何时候，企业都不要忘记：真诚应该贯穿危机公关传播的全过程。

企业组织所面临的内部环境以及社会环境是十分复杂的，在发展过程中出现这样或者那样的危机是难免的。近几年，越来越多的企业组织都已经意识到了危机公关的重要性，但是具体措施的实施却屡屡步入误区，使危机公关发挥不了应有的作用。公共关系实践活动向我们表明，诚实是危机公关最重要的品质。

☞ 关键术语

网络品牌危机	网络品牌危机管理	突发型品牌危机
渐进型品牌危机	网络品牌危机预警系统	网络品牌危机处理
危机处理		

☞ 思考题

1. 何为网络品牌危机？网络品牌危机具有哪些表现及特征？
2. 简述几种常见的网络品牌危机类型。

3. 简述导致网络品牌危机产生的常见原因。
4. 试论述品牌危机管理的预警系统具体内容。
5. 试分析如何构建网络品牌危机预警系统。
6. 何为网络品牌危机处理？其具有哪些基本原则？
7. 试论述网络品牌危机处理的一些具体对策。
8. 网络品牌危机一旦发生，可以实施哪些具体的公共策略应对危机？

第 9 章　网络品牌资产管理

【学习目标】

掌握网络品牌资产的概念及构成维度
掌握网络品牌资产评估内涵
掌握网络品牌资产评估方法
掌握网络品牌资产体系
掌握网络品牌资产保护
掌握网络品牌资产运营

【章节纲要】

本章主要分三节介绍网络品牌资产管理相关知识。第一节主要介绍网络品牌资产构成要素相关知识；第二节主要介绍网络品牌资产评估相关知识；第三节主要介绍网络品牌资产经营相关内容。

第一节　网络品牌资产构成要素

一、网络品牌资产的含义

品牌资产是品牌管理中的重要概念，20 世纪 80 年代以来，在西方管理界广为流传，它将古老的品牌思想推向了一个崭新的高度。从管理学的角度来说，品牌资产是一种超越生产、商品等所有有形资产以外的价值，是企业从事生产经营活动而垫付在品牌的本钱及其可能带来的产出。品牌资产是一种无形资产，它是品牌知名度、品质认知度、品牌联想度以及品牌忠诚度等各种要素的集合体；另外，从财务管理的角度来说，品牌资产是将商品或服务冠上品牌后，所产生的额外收益。这个额外收益来自两个方面：一是对拥有品牌公司感兴趣的投资者，他们的出价包含了对于品牌的估值；二是购买某品牌产品产消费者，他们的出价包含此品牌高于市场一般价格溢价的部分，同样的产品因品牌的不同而带来额外的现金流入，这种额外的现金流入就是品牌资产。关于网络品牌资产的表述很多，归纳起来，网络品牌资产的定义主要有以下几种。

从财务的角度来认识网络品牌资产，认为网络品牌资产并不完全是因创造品牌所付出的成本，也不完全是因有品牌产品比无品牌产品可以获得更高的溢价，而是在于品牌可以使其所有者在未来获得较稳定的收益。

基于市场的品牌力概念模型，认为一个强势的网络品牌应该具有强劲的品牌力，在市场上是可以迅速成长的，从而把网络品牌资产与品牌成长战略联系起来，该模型重心在于网络品牌的长期成长。

基于顾客的网络品牌资产概念，认为网络品牌之所以对企业和经销商等有价值，根本原因在于网络品牌对顾客有价值。基于顾客的网络品牌资产是指因消费者的品牌知识导致的对品牌营销的差别化效应。

从营销学和心理学的角度来定义网络品牌资产，认为网络品牌资产是一系列关于品牌顾客、渠道成员和母公司的联想和行为，这些联想和行为使得该品牌比没有品牌名字的产品获得更多、更高的利润，并给该品牌一个强的、实质性的和差异化的竞争优势。

结合 Aaker 关于品牌资产的论断，网络品牌资产是指“与品牌、品牌名称和品牌标识等相关的一系列资产或负债，它们可以增加或减少通过产品或服务给企业和/或顾客带来的价值”。网络品牌资产基于的资产和负债必须与品牌的名称和（或）标志相联系。如果品牌名称或标志发生变化，部分甚至全部网络品牌资产或负债就会受到影响甚至消失，尽管部分资产或负债有可能会转移到新的网络品牌名称或标志上。网络品牌资产基于的资产或负债虽然因环境而异，但大体包括品牌忠诚度、知名度、感知质量、品牌联想和其他品牌专属资产五个方面，这些资产提供给企业多种利益和价值。

二、网络品牌资产构成维度

（一）品牌忠诚度

在任何行业，争取新消费者都需要付出高昂的代价，而维持老消费者则成本相对较低，特别是老消费者满意于该品牌时，甚或喜欢该品牌时，这也是著名的20/80原则。在很多市场中，即使消费者转换品牌的成本非常低，即使消费者对现有品牌的忠诚度不高，但消费者仍有着较大的惯性，不愿意做出改变。因此，我们可以说，现有消费群的建立主要基于过去的投资。另外，有些老消费者还会把品牌介绍给新消费者，他们用自己的亲身经历消除了新消费者的顾虑。

消费群的忠诚度越高，品牌就越不容易受竞争对手的攻击。竞争对手不会主动把资源花费在对其他品牌满意的消费群上。另外，消费者忠诚度越高，对商品销售的影响也越大，因为消费者希望随时随地都能买到某一品牌的商品。

（二）知名度

人们往往喜欢购买熟悉的品牌，熟悉的品牌让人产生舒服的感觉。在人们的心里，熟悉的品牌是被普遍认可的，比较可靠，有质量保证。因此，人们往往会选择知名的品牌，不会选择不知名的品牌。如果消费者只考虑品牌产品，只在看重的几个品牌中选择，那么品牌的知名度就显得特别重要，不知名的品牌也就几乎没有被选中的可能。

（三）感知质量

谈到某个品牌，人们往往对其总体质量有一个感知，这种感知不一定建立在详细了解产品规格的基础上。不同行业，消费者对质量的感知是不一样的，不过，感知质量始终是可以衡量的重要品牌特征。

感知质量可以直接影响消费者的购买决定和品牌忠诚度，特别是购物者不想或不能进行详细分析时。感知质量还可以支持品牌的高价优势，高价优势反过来又能创造利润，而利润也能再次投资于品牌资产。另外，感知质量是品牌扩展的基础。如果一个品牌能在一个环境中得到广泛认可，我们就有理由认为，该品牌在其他类似环境中具有同样优秀的质量。

（四）品牌联想

品牌名称的潜在价值往往取决于具体的品牌联想。例如，看到麦当劳叔叔，往往会产生积极的态度或感觉，然后联想到麦当劳。生活方式或个性方面的联想可以改变使用体验，如“捷豹”的联想会让拥有捷豹和驾驶捷豹的体验“与众不同”。强烈的品牌联想是品牌扩展的基础，如“好时”的品牌联想甚至让好时巧克力奶这款饮料有了竞争优势。

如果一个品牌在该类产品的核心特征上具有良好的定位，那么竞争对手将无从攻击。假如竞争对手发起正面攻击，直接宣布其产品在这一方面的优势，就一定会出现信誉问题。

（五）其他品牌专属资产

前文提到的知名度、感知质量、品牌联想这三类品牌资产都是消费者对品牌的感知和反映；第一类品牌资产是消费者忠诚度；第五类则是其他品牌专属资产，例如专利、商标、渠道关系等。

能够阻碍甚至制止竞争对手争夺消费群、损害品牌忠诚度的品牌资产都是最有价值的资产，这些资产包括商标、专利、渠道关系等。商标可以防止竞争对手采用相似的名称、标志或包装迷惑消费者，从而保护品牌资产。一个强势的专利会直接影响消费者对品牌的选择，使品牌避开竞争。一个业绩记录良好的品牌还可以控制分销渠道。

三、网络品牌资产价值

网络品牌资产为消费者和企业都创造了价值。

（一）为消费者创造价值

网络品牌资产通常可以为消费者增加价值。网络品牌资产可以帮助消费者理解、处理并存储大量的产品信息和品牌信息。消费者用过产品、熟悉品牌及其特征后，品牌资产还可以影响消费者再次购买产品时的信心。更重要的是，感知质量和品牌联想可以增加顾客对产品使用的满意度。假如消费者知道珠宝是蒂芙尼出品的，就一定会对佩戴体验产生影响，即佩戴者确实会有不一样的感觉。

（二）为企业创造价值

网络品牌资产不但能为消费者创造价值，同样也能为企业创造价值。网络品牌资产至少可以通过六种方法创造边际现金流。

（1）网络品牌资产可以提高营销计划的效果，从而吸引新消费者，夺回老消费者。假如消费者对某一品牌较为熟悉，而且对品牌质量也表示信任，那么在这种情况下进行促销活动就会促使消费者尝试新口味或新用途，从而使促销活动产生更好的效果。

（2）知名度、感知质量、品牌联想、其他品牌专属资产这四类品牌资产均可以提高品牌忠诚度。感知质量、品牌联想和知名度是消费者购买产品的理由，同时也会影响消费者使用产品时的满意度。即便这些维度不是选择品牌的关键，但它们可以增加消费者信心，降低消费者尝试其他产品的可能性。假如竞争对手通过产品创新实现了竞争优势，我们就尤其需要提高消费者购买产品时的忠诚度。注意，品牌忠诚度既是品牌资产的一种，也会受到其他四类品牌资产的影响，而且，这四类品牌资产对品牌忠诚度的影响非常大。因此，品牌忠诚度被直接列为品牌资产为企业创造价值的一种方式。

应当注意，知名度、感知质量、品牌联想、其他品牌专属资产这四类品牌资产也存在类似的相互关系。例如，感知质量有时会受知名度的影响（知名产品往往质量较好），受品牌联想的影响（知名代言人只会代言优质产品），受忠诚度的影响（忠诚的顾客不喜欢劣质产品）。在某些情况下，我们直接把这四类资产看成品牌资产的原因或结果反而更好一些。

（3）品牌资产通常具有较高的边界收益：一方面，品牌具有高价优势；另一方面，品牌对讲价促销的依赖程度低。在很多情况下，品牌资产的基本维度都支持着品牌的高价优势。另外，假如某一品牌的品牌资产出了问题，那么该品牌一定会在促销活动上投入更多的资金，目的也往往只是守住自己在分销渠道上的地位。

（4）有了品牌资产，企业便可通过品牌扩展实现自身的发展。我们已经看到，象牙牙膏扩展到其他清洁产品后，扩大了企业的经营范围。如果没有象牙这个名称直接进军这些领域，其成本要远远高于现在。

（5）品牌资产可以对分销渠道产生影响。商家和顾客一样，面对已经取得认可和建立联想的成熟品牌，内心的不确定性减少了。大品牌往往具有很多优势，它们既能获得货架来展示，又能得到营销支持。

（6）品牌资产是企业的竞争优势，是遏制竞争对手的真正壁垒。品牌联想可以预先占领消费者对某类产品重要特征的联想。例如，汰渍洗衣粉适合去顽渍，则其他品牌就很难在去顽渍方面与汰渍竞争。

第二节　网络品牌资产评估

一、网络品牌资产评估内涵

（一）网络品牌资产评估内容

若进一步细分，网络品牌资产的评估内容包括众多项目，如品牌寿命、品牌名称、商标、品牌个性和意象、品牌产品类别、品牌产品功能、品牌产品质量、消费者态度、品牌认知、品牌连续性、消费者购买倾向、品牌媒体支持、品牌产品的市场表现、品牌产品的服务、品牌更新程度、品牌忠诚度、品牌联想度、专利权价值等。

1. 品牌寿命

存在时间长对品牌形象大有帮助，如果是同类产品中的第一个品牌则更加重要。许多排名前100位的品牌在一定市场领域内已存在25~50年，甚至更长，品牌资产如同经济上的资产一样，是随时间而建构起来的。

2. 品牌名称

品牌名称是赋予商品的文字符号，它以简洁的文字概括了商品的特性。评价一个品牌是不是一个好的名称，应主要考虑该品牌是否能引起消费者的注意和兴趣，是否能使消费者感到有魅力、有特征、有新鲜感，是否能使消费者容易理解——易读、易懂、易分辨等。

3. 商标

商标是用来帮助人们识别商品的几何图形及文字组合，它以简洁的线条组合，反映公司和商品的特性，起到明示和凸显商品特点的作用。商标是商品的生产者、经营者在其生产、制造、加工、拣选或者经销的商品上或者服务的提供者在其提供的服务上采用的，用于区别商品或服务来源的，由文字、图形、字母、数字、三维标志、声音、颜色组合，或上述要素的组合，具有显著特征的标志，是现代经济的产物。经国家核准注册的商标为“注册商标”，受法律保护。商标通过确保商标注册人享有用以标明商品或服务，或者许可他人使用以获取报酬的专用权，而使商标注册人受到保护。

4. 品牌个性和意象

许多强有力的品牌几乎成为产品类别的代名词，甚至人们可以仅仅通过品牌名称来识别它们的产品或服务。就像一提到海尔，人们就会联想到白色家电，提到法拉利就会想到高档跑车一样。

5. 品牌产品类别

一个品牌的产品或服务类别在很大程度上对品牌形象力的等级起到帮助或妨碍作用。娱乐、食品、饮料和汽车等类别都有使品牌形象力排名靠前的趋势。

6. 品牌产品功能

使用该品牌的消费者对其产品的功能了解多少，以及品牌下产品的使用功能、特点、外观如何都是影响品牌创立的重要因素。

7. 品牌产品质量

质量和可靠性是每个品牌建立大众信誉的基础。无论公司或产品代表什么，它首先必须“如它所期望的那样”。这就要考虑品牌的质量信赖度如何，产品的耐用度如何等因素。

8. 消费者态度

消费者通过有关媒体对该产品的介绍，通过亲属和朋友的推荐，以及自己使用该产品，会对该产品形成一种态度。这种态度对于产品市场表现影响很大。

9. 品牌认知

按照一般人的购买习惯，在购买商品时，总是先在自己叫得出名字、外观包装也舒服的品牌中选购自己所需要的产品。所以，好名字、设计美观的商标就是一项无形资产。

10. 品牌连续性

即便一个品牌已经有长达 100 年的历史，连续性对一个品牌保持时间发展上的相关性仍是必要的。关键是信息的连续性，而非执行的相同性。

11. 消费者购买倾向

经过各种影响过程，如果形成了消费者对该品牌产品的依赖性，那么，一旦感到需要，消费者就会去购买该品牌产品，这就是说，消费者对该品牌形成了比较稳定的购买倾向。

12. 品牌媒体支持

媒体的支持保证了品牌在市场上的可见性。一般来说，品牌要保持它在市场上的巨大影响，必须始终得到媒体投入的支持。

13. 品牌产品的市场表现

主要考虑该品牌产品近年的盈亏情况，该品牌产品市场特点及发展动向，与同行业最先进企业的差距，该品牌产品竞争能力，等等。

14. 品牌产品的服务

品牌服务度如何，包括品牌对消费者在品质上有何承诺，品牌产品在品质上有何发展创新。

15. 品牌更新程度

品牌除了保持连续性外，还必须时常更新自己，使自己能符合新一代消费者的要求。

（二）网络品牌资产评估的意义

（1）加深对品牌资产的认识。消除神秘感和抽象感，避免企业对品牌资产的把握流于空洞。

（2）品牌资产管理的基础。有利于企业对品牌资产的投资、管理做出权衡、取舍，便于企业间品牌资产的交易。

（3）保护企业及股东的利益。对品牌资产的排名，是一种激励和鞭策。

二、网络品牌资产评估方法

（一）评估品牌资产的来源

网络品牌资产源于消费者的品牌认知和联想，因此评估品牌资产必须从消费者的视角进行。在品牌资产来源的确定上以消费者为本，采用定性和定量两种调研方法对品牌资产来源进行评估。

1. 定性调研方法

定性调研研究是根据社会现象或事物所具有的属性和在运动中的矛盾变化，从事物的内在规定性来研究事物的一种方法或角度。进行定性研究，要依据一定的理论与经验，直接抓住事物特征的主要方面，将同质性在数量上的差异暂时略去。它以普遍承认的公理、一套演绎逻辑和大量的历史事实为分析基础，从事物的矛盾性出发，描述、阐释所研究的事物。如表 9-1 所示。

表 9-1　　**定性调研方法**

方法	基本思路
自由联想	让消费者自己回答当他们想到这个品牌时头脑中会出现什么形象
投射法	给消费者一个不完整的刺激物让他补充完整，或给消费者一个本身并无意义的刺激物，让他讲出它的含义
扎尔特曼隐喻推导法	重视非语言信息的搜集
品牌个性及价值	品牌个性体现的是人们对一个品牌的感觉，而不是他们认为这个品牌是什么 品牌个性有很多测量方法，最简单的一种是对研究目标征集开放式回答

2. 定量调研方法

专门使用各种不同的等级评分，最后得出一个数字的答案和结论。它是长期监控运营品牌资产的重要方法，包括对品牌意识、品牌记忆、品牌形象的定量测试。

品牌形象的测试维度包括品牌态度、品牌意向和品牌行为。

（1）品牌态度：包括总体品牌的态度，对产品相关属性和优点的态度，对非相关属性和优点的态度，对价格和价值的态度，对公司的态度。

（2）品牌意向：测试对象是顾客从一个品牌转向另一个品牌的可能性。

（3）品牌行为：测试顾客购买某品牌产品的原因。

（二）网络品牌资产具体的评估方法

针对网络品牌资产进行财务价值评估时，有两类方法，一类是会计方法，另一类是市场基础评价法。对其进行细分的话，会计方法又包括历史成本法、重置成本法、股票价格法、未来收益法；市场基础评价法又包括溢价法、消费者偏好法、Interbrand 法、Financial World 方法、北京名牌资产评估事务所的评价方法等。

1. 会计方法

（1）历史成本法。

直接依据品牌资产的购置或开发的全部原始价值进行估价。缺点是无法反映现在的价值。

（2）重置成本法。

按照品牌的现实重新开发创造成本，减去其各项损耗价值来确定品牌价值的方法，相当于重新建立一个全新品牌所需的成本。

计算公式：品牌评估价值=品牌重置成本×成新率。

（3）股票价格法。

适用于上市公司品牌资产的评估。该方法以公司股价为基础，将有形与无形资产相分离，再从无形资产中分解出品牌资产。

（4）未来收益法。

通过估算未来的预期收益（一般是“税后利润”指标），并采用适宜的贴现率折算成现值，然后累加求和，借以确定品牌价值。

主要影响因素：①超额利润；②折现系数或本金化率；③收益期限。

计算公式：品牌价值=品牌过去的终值+品牌未来的现值。

未来收益法存在的缺陷：它在预计现金流量时，没有考虑外部因素影响收益的变化，从而无法将竞争对手新开发的优秀产品考虑在内，而且无法将被评估品牌的未来现金流量从该企业其他品牌的现金流量中分离出来。贴现率选取和时间段选取的主观性较大。在目前情况下，不存在评估品牌的市场力量因素。

2. 市场基础评价法

（1）溢价法。

通过观察消费者由于使用某一品牌而愿意额外支付多少货币来确定品牌价值大

小的一种资产评估方法。

这种方法首先要确定品牌的溢出价格，即比较不使用品牌或比较使用竞争品牌的情况，消费者为选择该品牌愿意支付的额外货币。

计算方法：V=（溢出价格×当年销量）/行业平均投资利润率。

（2）消费者偏好法。

通过市场调查，了解在使用某一特定品牌与不使用品牌的情况下，消费者对产品的态度或购买意向是否存在差别，然后将这种差别与产品的市场份额联系起来以评估品牌价值的方法。该方法所用时间较长，费用较高。

难点：如何确定消费者偏好或品牌态度与市场份额的依存关系。

（3）Interbrand 法。

基本思路：品牌之所以有价值，不全在于创造品牌所付出了成本，也不全在于有品牌产品较无品牌产品可以获得更高的溢价，而在于品牌可以使其所有者在未来获得较稳定的收益。同时考虑主客观两方面的事实依据，客观的数据包括市场占有率、产品销售量以及利润状况；主观判断是确定品牌强度。

涉及分析内容：财务分析、市场分析和品牌分析。

方法过程：通过财务分析和市场分析，确定品牌的未来收益。由于品牌未来收益是基于对品牌的近期和过去业绩以及市场未来的可能变动而做出的估计，所以品牌的强度越大，其估计的未来收益成为现实收益的可能性就越大。因此，在对未来收益贴现时，对强度大的品牌应采用较低的贴现率；反之，则应采用较高的贴现率。结合品牌所创造的未来收益和依据品牌强度所确定的贴现率，就可计算出品牌的现时价值。

评价品牌强度的七个方面及最高的得分值：市场性质 10，稳定性 15，市场地位 25，品牌趋势 10，品牌支持 10，行销范围 25，品牌保护 15，合计 100 分。

下表是运用 Interbrand 方法评价某一品牌价值的简单实例。该实例有如下假定：

①净销售收入是用当前年度（即第 0 年）不变价计算的。

②净销售额不包括自有品牌和无品牌产品的销售。

③有形资产包括固定资产与流动资产，均以第 0 年不变价计价。

④有形资产的收益排除了通货膨胀的影响。

⑤品牌所产生的未来收益按全部无形资产所创收益的 75%计算。

⑥在对行业、市场和品牌分析基础上确定的贴现率为 15%。

⑦第 5 年之后品牌收益增长为零。从表 9-2 中可看出，被评估品牌到第 5 年所创造的累积收益的现值为 152. 4 万元，第 5 年后品牌残值折合现值为 135. 3 万元，因此，该品牌的总价值为 287. 7 万元。

表 9-2　**案例数据表**　单位：亿元

年份 / 项目	前年	去年	第 0 年	第 1 年	第 2 年	第 3 年	第 4 年	第 5 年
净销售额	440. 0	480. 0	500. 0	520. 0	550. 0	580. 0	620. 0	650. 0
营运收益	66. 0	72. 0	75. 0	78. 0	82. 5	87. 0	93. 0	97. 5
使用的有形资产	220. 0	240. 0	250. 0	260. 0	275. 0	290. 0	310. 0	325. 0
有形资产收益（5%）	11. 0	12. 0	12. 5	13. 0	13. 8	14. 5	15. 5	16. 3
无形资产收益	55. 0	60. 0	62. 5	65. 0	68. 8	72. 5	77. 5	81. 3
品牌收益（占无形资产收益 75%）	41. 3	4. 0	46. 9	48. 8	51. 6	54. 4	58. 1	60. 9
税率	33%	33%	33%	33%	33%	33%	33%	33%
税后品牌收益	27. 6	30. 2	31. 4	32. 7	34. 5	36. 4	38. 9	40. 8
贴现率	15%	15%	15%	15%	15%	15%	15%	15%
贴现因子			1. 00	1. 15	1. 32	1. 52	1. 75	2. 01
现值现金流			31. 4	28. 4	26. 1	24. 0	22. 3	20. 3
到第 5 年时评判所创造的价值	152. 4							
第 5 年后的品牌残值	135. 3							
品牌总价值	287. 7							

Interbrand 方法的一些局限性：

①对未来若干年销售、利润情况的预测存在较大的不确定性。

②Interbrand 评定品牌强度所考虑的 7 个因素是否囊括了所有重要的方面，以及各个方面的权重是否恰当，仍有商榷的余地。

③企业在不同阶段的使用意图，如是否将品牌延伸使用到其他产品领域等都会影响品牌的价值。

④品牌价值是否可以从其他无形资产中分离仍是有争议的问题。

（4）Financial World 方法。

该方法与 Interbrand 方法基本接近，不同点在于 Financial World 更多地以专家意见来确定品牌的财务收益等数据。

①该方法强调品牌的市场业绩。

②根据 Interbrand 的品牌强度模型估计品牌强度系数，品牌强度系数的范围大

致在 6~20。

③品牌资产=纯利润 * 品牌强度系数。

（5）《金融世界》品牌价值评估方法。

《金融世界》品牌价值评估方法是基于 Interbrand 方法之上的，其基本思路和基本假定都与 Interbrand 方法大致相同。如表 9-3 所示。

①从公司报告、分析专家、贸易协会、公司主管人员那里得到有关品牌销售和营业利润的基本数据。

②估算出品牌强度倍数。即按照 Interbrand 建立的模型，由七个方面的因素决定。

③计算得出评估品牌价值。

表 9-3　**《金融世界》品牌价值评估方法小例**

步骤	项目	计算顺序	吉列（1995 年）
1	销售额	—	26 亿美元
2	利润率	—	37%
3	利润额	（1）×（2）	9.61 亿美元
4	资本销售率（行业）	—	38%
5	理论资本	（1）×（4）	9.88 亿美元
6	一般利润	（5）×5%	0.49 亿美元
7	品牌利润	（3）－（6）	9.12 亿美元
8	修正利润	两年加权	8.71 亿美元
9	税率（行业）	—	34%
10	理论纳税	（8）×（9）	2.96 亿美元
11	纯利润	（8）~（10）	5.75 亿美元
12	强度系数 6~20 倍	—	17.9 倍
13	品牌价值	（11）×（12）	103 亿美元

（6）国内主要使用的“名牌法”。

①“名牌法”的评估指标。

对于品牌价值 P 的衡量，名牌法采用了三个评估指标：品牌的市场占有能力（M），品牌的超值创利能力（S）以及品牌的发展潜力（D）。

公式表示如下：P=M+S+D。

②名牌法的计算方法。

一般而言，三指标的权重分配约为 4∶3∶3。同时，根据国内行业的不同情况进行调整，从而达到行业间的可比。例如，某电子产品公司某年的经营状况如表 9-4 所示。

表 9-4　**某电子产品公司财务数据**

销售收入	42.74 亿元	资产总额	31.12 亿元
营业利润	8.36 亿元	资产利润率	26.86%

首先，计算品牌的超值创利能力（S），鉴于专家认为当年该电子行业的平均资产利润率为 1.8%，故得到该品牌的超额收益 7.8（8.36−8.36×1.8%）亿元。同时，也考虑到了该品牌连续四年销售收入和营业利润的增长率都超过 40%的客观事实。

然后，计算品牌市场占有能力（M）。鉴于当年该品牌产品的市场占有率达到 20%以上，超过绝大多数同类产品，同时增长势头迅速，因此，此次评估中评定其产品的市场占有能力非常强。

接着，要确定品牌发展潜力（D）。本方法考虑了若干相关因素，包括品牌强大的市场销售能力，具有的远远高于国内同行业其他企业的营业利润水平，以及强大的市场领导能力，认为该品牌的市场潜力巨大。

最后，通过上述分析，分别估算了该电子产品品牌的市场占有能力、超值创利能力和发展潜力，并考虑了其他相关因素的影响予以调整，最终确定了当年品牌价值为 87.61 亿元。

（7）Brand Asset Valuator 法。

由 YOUNG&RUBICAM 公司提出的 BAV 模型是通过大面积的消费者调查来评估品牌价值的。调查中由消费者用以下四个指标对每一个品牌的表现进行评估：

①差异性：即品牌在市场上的独特性和差异程度。

②相关性：品牌与消费者相关联的程度，品牌个性与消费者适合程度。

③品牌地位：品牌在消费者心目中的认知质量和受欢迎程度。

④品牌认知度：衡量消费者对品牌内涵及价值的理解和认知程度。

（8）大卫·艾克十要素综合评估法。

十要素综合评估法是由美国著名品牌专家 David Aaker 教授 1996 年提出的，从五个方面衡量品牌价值。如图 9-1 所示。

David Aaker 教授提出了以下五个方面的 10 项具体评估指标：

①品牌忠诚度：价格优惠；满意度或忠诚度。

②认知质量或领导品牌价值评估：感觉中的品质；领导品牌或普及度。

③品牌联想或差异化评估；感觉中的价值；品牌个性；公司组织联想。

④认知评估：品牌认知。

⑤市场行为评估：市场份额；市场价格和分销区域。

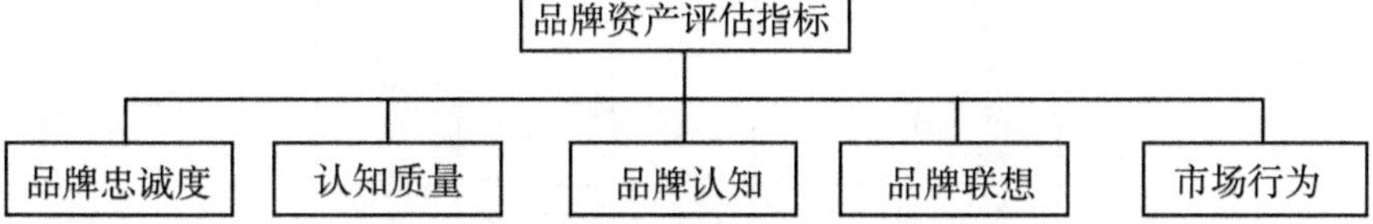

图 9-1　品牌资产评估指标体系

三、网络品牌资产体系

品牌资产评估体系是指一系列可以向市场营销人员提供有关品牌的及时、准确、可行的信息，并帮助他们在可能的范围内制定最好的短期战术性决策的调研步骤的组合。

（一）品牌资产评估体系的建立

网络品牌资产评估体系的构建，主要包括实施品牌审计、设计品牌追踪调研、建立品牌资产管理体系等相关步骤。

1. 实施品牌审计

品牌审计是指从品牌资产来源的角度对品牌进行全面的、综合的审查。在进行品牌资产评估之前，需要确定品牌资产的来源。通过从公司角度与消费者角度明确品牌资产的来源。公司角度的工作主要包括产品、服务、营销、品牌等方面，消费者角度的工作主要包括思想、观念、信条、认知等方面。在品牌资产来源完成之后，需要对品牌资产进行详细的审计工作，这一环节的工作内容包括品牌盘存和品牌测定，即编制品牌清单对品牌进行盘存，通过收集信息对品牌进行测定。

2. 设计品牌追踪调研

（1）追踪调研的内容。

①产品品牌追踪：重点在于考察品牌的认知度和品牌形象。

②公司品牌追踪：重点在于考虑整体形象和其背书效应。

（2）如何进行追踪调研。

①追踪对象：消费者、中间商、企业员工。

②追踪时间：主要是确定追踪频率、何时追踪。

（3）分析追踪调研的结果：找出品牌资产的决定因素。

3. 建立品牌资产管理系统

品牌资产管理系统，指为加深对品牌资产概念的理解，改进品牌资产的利用效率，在公司内部设计的一套组织流程。

完成一套品牌资产管理系统，要经过三个步骤：①建立品牌资产图，②撰写品牌资产报告，③明确品牌资产责任。如图 9-2 所示。

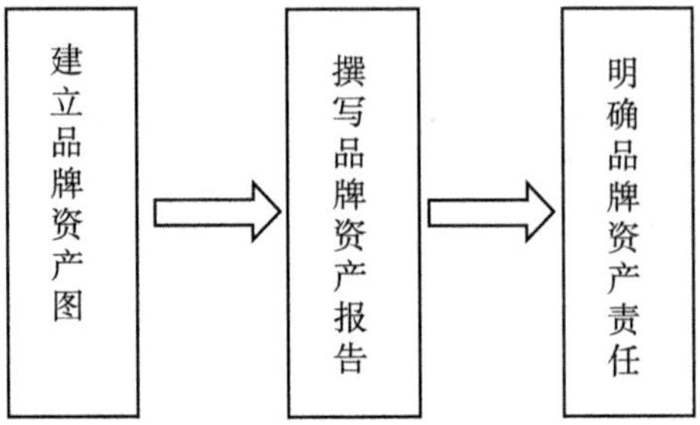

图 9-2　品牌资产管理系统

品牌资产图是基础工作，是进行品牌资产管理的先前活动，品牌资产图的建立步骤如图 9-3 所示。

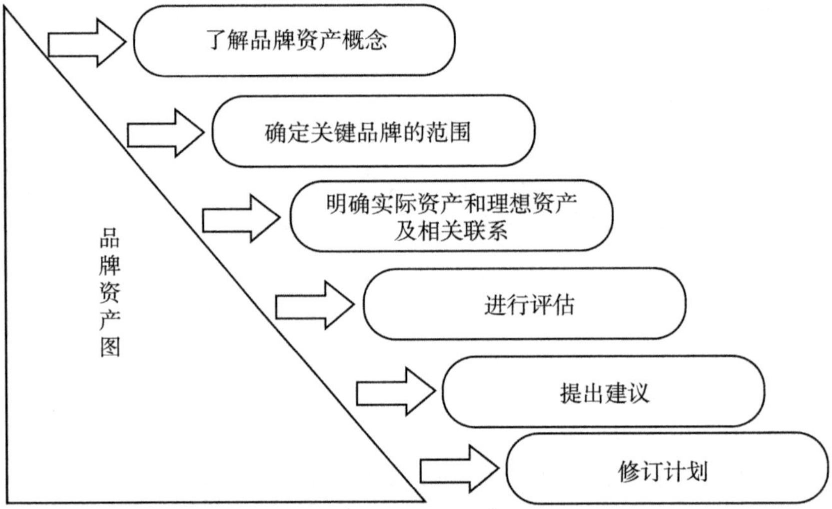

图 9-3　品牌资产图构建流程

第三节　网络品牌资产经营

一、网络品牌资产保护

网络品牌资产保护需要从法律保护、自我保护和经营保护三个方面展开，旨在实现多角度、全方面维护网络品牌资产保值增值，使其受到损害或贬值。

（一）网络品牌资产的法律保护

1. 品牌名称（标志）的法律保护

当品牌名称与品牌标志合二为一，品牌名称和品牌标志的保护是相对简单的，即通过商标法就可以对其加以有效保护。当品牌名称与品牌标志不一致，商标法只对商标名称加以保护，而不对品牌名称保护。

保护品牌名称的方法有：进行主动和事前保护，进行事中和事后保护。具有品牌保护意识的企业必须做到：积极注册商标、具有独创性；关注商标侵犯行为。

2. 商标的法律保护

（1）商标权的基本特征。

①商标权由国家依法授予。

②商标权具有专用性。

③商标权在哪儿注册在哪儿有效（地域性）。

④商标权具有时效性，我国是10年，过期可无限续展。

（2）商标注册保护。

①提前注册、及时续展。

②实施全方位注册。

③在地域上坚持辐射原则。

④在范围上坚持宽松有余原则。

⑤申请原产地保护，例如农产品等。

3. 品牌其他构成要素的保护

如品牌的定位主题句、品牌代言人、品牌的标准色等，它们已经成为品牌形象的一个重要组成部分，也是企业品牌资产的重要组成部分，企业应对其做出有效的保护。具体的保护做法：在职业管理制度上进行健全；设专人专门机构，监控市场。

（二）品牌资产的自我保护

1. 商标权的保护

（1）定期查阅商标公告，及时提出异议。

（2）运用高科技的防伪手段。

（3）协助有关部门打假。

（4）注重向消费者宣传识别真伪的知识。

2. 商业机密的保护

（1）申请专利。

（2）严守商业机密。

（3）谢绝技术性参观。

（4）争创驰名商标。

（三）品牌资产的经营保护

1. 技术方面

（1）保持技术领先（先决条件），例如：日本索尼。

（2）严格技术保密（差异化），例如：可口可乐。

（3）统一技术标准。

2. 生产方面

（1）按有效需求组织产销。

（2）持之以恒地严格质量管理。

3. 营销策略方面

（1）审慎开展品牌延伸经营。

（2）始终树立以消费者满意为中心的经营理念。

（3）与消费者沟通的连续性。

（4）维持标准定价。

（5）保持价格控制权。

（6）避免恶性竞争：①切忌恶性价格战，②切忌行业内的相互攻击诋毁。

二、网络品牌资产运营

（一）网络品牌资产经营原则

1. 保持品牌战略定位的一致性

2. 保持品牌资产的来源基础

（二）品牌资产经营的内部策略

1. 提高品牌资产的超值创利能力

2. 增加品牌资产作用的空间

3. 延长品牌的作用时间

（1）产品创新。

（2）市场转移。

（三）品牌资产经营的外部交易策略

1. 利用品牌优势，低成本兼并实现品牌扩张

2. 通过战略联盟扩张品牌空间

战略联盟是指两个或两个以上企业为实现自己在某个时期的战略目标，通过合作协议方式结成的松散的联合体，以达到资源互补、风险共担、利益共享的目的。与企业并购不同，战略联盟在大多数情况下没有资本关联，加盟企业地位平等，各企业保留自己的独立运作。

3. 实施竞合式的品牌联盟

竞合式品牌联盟策略是通过既竞争又合作的方式与其他恰当的品牌建立长期的伙伴关系，以提升企业品牌资产的一种策略。

4. 开展品牌的虚拟经营

当品牌成为控制企业边界以外业务的核心能力时，就形成了品牌的虚拟经营。依托品牌资产所有权展开的业务外包（outresourcing）是品牌虚拟经营的主要方式。

5. 品牌的特许经营

品牌特许经营是品牌特许人依照契约关系，向受许人提供品牌特许使用权以及相关的经营诀窍和培训等，而受许人则在特许人控制下采用与特许人品牌战略相一致的经营模式经营。

三、网络品牌资产激活

（一）挖掘与拓宽品牌认知的深度与宽度

1. 挖掘品牌认知的深度

挖掘品牌认知深度的关键在丁关注年轻消费群体，提高品牌在午轻消费群休中的知名度，从而达到激活品牌资产的目的。

2. 拓宽品牌认知的宽度

（1）识别与开发新的使用场合与使用机会。

（2）识别与开发新的使用方法。

（二）改善与建立新的品牌联想

1. 保留现有消费者与吸引原来流失的消费者

2. 进入被忽视的细分市场

3. 吸引全新的消费者

☞ 关键术语

网络品牌资产	品牌忠诚度	知名度	感知质量
品牌联想	品牌连续性	Interbrand 法	名牌法
品牌资产评估体系	网络品牌资产保护	战略联盟	

☞ 思考题

1. 何为网络品牌资产？网络品牌资产具体包括哪些内容？
2. 试论述网络品牌资产会带来哪些价值。
3. 简述网络品牌资产一般包括哪些评估内容。
4. 简述可以应用哪些方法来确定网络品牌资产的来源。

5. 对网络品牌资产进行评估时，常用到哪些具体方法？

6. 试举例说明，如何应用 Interbrand 法对网络品牌资产进行评估？

7. 试举例说明，如何应用《金融世界》品牌价值评估方法对网络品牌资产进行评估？

8. 试举例说明，如何应用名牌法对网络品牌资产进行评估？

9. 如何构建网络品牌资产体系？

10. 试论述从哪些方面对网络品牌资产进行保护。

参考文献

［1］ Aaker D. A. , K. L. Keller. Consumer Evaluations of Brand Extensions ［J］. Journal of Marketing, 1990, (54): 27-41.

［2］ Aaker D. A.. Managing Brand Equity ［M］. New York: The Free Press, 1991.

［3］ Aaker D. A.. Building Strong Brands ［M］. New York: The Free Press, 1996.

［4］ Aaker D. A.. Measuring Brand Equity Across Products and Markets ［J］. California Management Review, 1996, 38 (3): 102-120.

［5］ Aaker J.. Dimensions of Brand Personality ［J］. Journal of Marketing Research, 1997, 34 (8): 342-352.

［6］ Aaker J. , Fournier S. , Brasel S. A.. When Good Brands Do Bad ［J］. Journal of Consumer Research, 2004, 31 (1): 1-16.

［7］ Aaker D. A.. Innovation: Brand It or Lose It ［J］. California Management Review, 2007, 50 (1): 8-24.

［8］ Aaker J. L. , Williams. P.. Empathy versus Pride: The Influence of Emotional Appeals across Cultures ［J］. Journal of Consumer Research, 1998, 25 (3): 241-261.

［9］ Albert M. Muniz, Jr, Thomas C. O'Guinn. Brand Community ［J］. Journal of Consumer Research, 2001, 27 (4): 412-432.

［10］ Algesheimer R. , Dholakia U. M. , Herrmann A.. The Social Influence of Brand Community: Evidence from European Car Clubs ［J］. Journal of Marketing, 2005, 69 (3): 19-34.

［11］ Armstrong G. , Kotler P.. Marketing: An Introduction ［M］. NJ: Prentice Hall, 1990.

［12］ Breakenridge D.. Cyberbranding: Brand Building in the Digital Economy ［M］. Prentice Hall PTR, 2001.

［13］ Boyne S. , Hall D.. Place Promotion Through Food and Tourism: Rural Branding and the Role of Websites ［J］. Place Branding, 2004, 1 (1): 80-92.

［14］ Blackston M. , Blackston M. , Blackston M. , et al. The Qualitative Dimension of Brand Equity ［J］. Journal of Advertising Research, 1995, 35 (4): 2-7.

[15] Cai L. A.. Cooperative Branding for Rural Destinations [J]. Annals of Tourism Research, 2002, 29 (3): 720-742.

[16] Carpenter Phil. Ebrands: Building an Internet Business at Breakneck Speed [J]. Journal of Product & Brand Management, 2000, 10 (1): 65-66.

[17] Dooley G., Bowie D.. Place Brand Architecture: Strategic Management of the Brand Portfolio [J]. Place Branding, 2005, 1 (4): 402-419.

[18] Gardner B. B., Levy S. J.. The Product and the Brand [J]. Harvard Business Review, 1955, 33 (2): 33-39.

[19] Kerr G., Johnson S.. A Review of a Brand Management Strategy for a Small Town — Lessons Learnt! [J]. Place Branding, 2005, 1 (4): 373-387.

[20] Keller K. L.. Brand Research Imperatives [J]. Journal of Brand Management, 2001.

[21] Levy Sidney. The Product and the Brand [J]. Harvard Business Review, 1955, (3/4): 33-39.

[22] Low G. S., Fullerton R. A.. Brands, Brand Management, and the Brand Manager System: A Critical-Historical Evaluation [J]. Journal of Marketing Research, 1994, 31 (2): 173-190.

[23] Morgan N., Pritchard A., Pride R., et al. Destination Branding: Creating the Unique Destination Proposition. [J]. Tourism Recreation Research, 2002, 30 (5): 112-113.

[24] Mcalexander J. H., Schouten J. W., Koenig H. F.. Building Brand Community [J]. Journal of Marketing, 2002, 66 (1): 38-54.

[25] Morrin M.. The Impact of Brand Extensions on Parent Brand Memory Structures and Retrieval Processes [J]. Journal of Marketing Research, 1999, 36 (4): 517-525.

[26] Mundkur P.. A Two-Way Relationship [J]. The Atticus File, 1997 (3): 147-156.

[27] Nickerson N. P., Moisey R. N., Morgan N. J., et al. Branding a State From Features to Positioning: Making it Simple? [J]. Journal of Vacation Marketing, 1999, 5 (3): 217-226.

[28] Robertson K.. Strategically Desirable Brand Name Characteristics [J]. Journal of Consumer Marketing, 1989, 6 (4): 61-71.

[29] Kevin Lane Keller. Strategic Brand Management: Building, Measuring, and Managing Brand Equity [M]. (3rd Ed). New Jersey: Pearson Prentice Hall, 1998.

[30] Percy Larry. Strategic Brand Management [M]. NJ: Prentice Hall, 2007.
[31] Shocker A. D., Srivastava R. K., Ruekert R. W.. Challenges and Opportunities Facing Brand Management: An Introduction to the Special Issue [J]. Journal of Marketing Research, 1994, 31 (2): 149-158.
[32] 艾·里斯，杰克·特劳特. 定位 [M]. 谢伟山，苑爱冬，译. 北京：机械工业出版社，2016.
[33] 艾·里斯，劳拉·里斯. 品牌 22 律 [M]. 寿雯，译. 北京：机械工业出版社，2017.
[34] 艾·里斯，劳拉·里斯. 品牌的起源 [M]. 寿雯，译. 北京：机械工业出版社，2016.
[35] 保罗·藤甫诺. 高级品牌管理——实务与案例分析 [M]. 牛国鹏，译. 北京：清华大学出版社，2016.
[36] 陈卓浩，鲁直. 品牌个性匹配对品牌延伸态度影响研究——基于感知匹配度内涵的分析 [J]. 中国工业经济，2008 (10): 85-96.
[37] 戴维·阿克. 管理品牌资产 [M]. 吴进操，常小虹，译. 北京：机械工业出版社，2016.
[38] 戴维·阿克. 创建强势品牌 [M]. 李兆丰，译. 北京：机械工业出版社，2016.
[39] 戴维·阿克，埃里克·乔基姆塞勒. 品牌领导 [M]. 耿帅，译. 北京：机械工业出版社，2017.
[40] 戴维·阿克. 品牌相关性 [M]. 金珮璐，译. 北京：中国人民大学出版社，2014.
[41] 范秀成，陈浩. 品牌形象综合测评模型及其应用 [J]. 南开学报（哲社版），2002 (3): 65-71.
[42] 范秀成. 品牌权益及其测评体系分析 [J]. 南开管理评论，2000，3 (1): 9-15.
[43] 菲利普·科特勒，瓦得马·弗沃德. 要素品牌战略 [M]. 李戎，译. 上海：复旦大学出版社，2015.
[44] 符国群. 关于商标资产研究的思考 [J]. 武汉大学学报（人文科学版），1999 (1): 71-74.
[45] 韩经纶，赵军. 论品牌定位与品牌延伸的关系 [J]. 南开管理评论，2004，7 (2): 46-50.
[46] 何佳讯. 品牌的逻辑 [M]. 北京：机械工业出版社，2017.
[47] 何佳讯. 长期品牌管理 [M]. 上海：上海世纪出版集团，2016.
[48] 贺爱忠. 西方品牌理论的新发展 [J]. 经济学动态，2005 (11): 77-81.

［49］杰克·特劳特，史蒂夫·里夫金．重新定位［M］．谢伟山，苑爱冬，译．北京：机械工业出版社，2016.
［50］李颢，王高，赵平．品牌延伸评价的影响因素：文献综述与研究展望［J］．营销科学学报，2009，5（2）：55-71.
［51］卢泰宏，黄胜兵，罗纪宁．论品牌资产的定义［J］．中山大学学报（社会科学版），2000，40（4）：17-22.
［52］卢泰宏，周志民．基于品牌关系的品牌理论：研究模型及展望［J］．商业经济与管理，2003（2）：4-9.
［53］卢泰宏，吴水龙，朱辉煌，等．品牌理论里程碑探析［J］．外国经济与管理，2009，31（1）：32-42.
［54］潘国锦．品牌理论研究现状与发展展望［J］．商讯：商业经济文荟，2006（2）：37-39.
［55］钱明辉．国外地区品牌理论研究综述［J］．财贸经济，2007（6）：121-126.
［56］石建鹏．让品牌飞：互联网+时代的品牌腾飞 9 步法［M］．北京：北京联合出版公司，2015.
［57］夏曾玉，谢健．区域品牌建设探讨——温州案例研究［J］．中国工业经济，2003（10）：43-48.
［58］徐浩然．企业品牌理论研究及战略运用［J］．南京社会科学，2008（7）：47-51.
［59］朱迪·施特劳斯，雷蒙德·弗罗斯特．网络营销［M］．时启亮，陈育君，译．北京：中国人民大学出版社，2015.
［60］朱瑞庭．零售商自有品牌的功能和市场定位［J］．北京工商大学学报（社会科学版），2004，19（2）：38-43.
［61］张燚，张锐．品牌生态学——品牌理论演化的新趋势［J］．外国经济与管理，2003，25（8）：42-48.